日本能率協会マネジメントセンター

はじめに　〜あぁ男子、どうしてこんなにアホなのか〜

はじめまして。とにかく明るい性教育【パンツの教室】協会代表のじまなみと申します。

まず、この本を手に取ってくださり、ほんとうにありがとうございます。

元泌尿器科看護師という立場から、性教育アドバイザーとして親から子に伝える「明るい性教育」を全国で広め始めて早3年。年間1万人以上の方をサポートしていますが、とくに多いのが、「男の子」を育てるお母さんのお悩みです。

「ちんこは友だち！」と言い切る男子。
「うんこ、ちんちん、おっぱいで延々笑える」男子。
「脱いだパンツとズボンは置きっぱなし」いつもおちんちん丸出し男子。
「異常なほどのおっぱいロマンを熱く語る」男子。

愛すべき男の子は、母親にとってよくも悪くも悩みの種。

「子育ては楽しい」と世間では言いますが、現在その「楽しさ」よりも「大変さ」をたくさん感じているのが、男の子を育てているお母さんだと思います。

女の子と違って、行動範囲も広く、お下品な言葉が大好きで、3歩歩くと叱られたことを忘れる男の子の生態に天を仰ぐお母さんと、たくさんお会いしてきました。

「男の子って、アホで可愛い宇宙人！」

そう名付けてくださったのも、講演を聞いてくださった男の子を育てるお母さんの一人です。

男の子を育てるお母さん、ほんとうに、ほんとうにお疲れさまです！

みなさんは、よくがんばっている!!

なので、自分のことを大いにほめてあげてくださいね。

ところで、とくにお母さんにとって謎だらけなのが**男の子の「性」**なのでは？
おちんちんや体つき、いったいどんな成長をたどるのか？
いつからHなことに興味をもつのか？
そもそも、男の子ってどうやって性教育を始めるべきなのか？
いつまで一緒にお風呂に入っていいのか？

男の子だからこそ、誰かを傷つけてほしくない……。だけど、夫に聞いても、照れて「放っておけばいい」と知らん顔……。

本書は、男の子を育てるうえで必ず出てくるであろう「性」の悩みに対し、お母さんたちがどうすれば果敢に立ち向かっていけるかをまとめました。「育児のヒント」のひとつとして活用してもらえたら嬉しいです。
内容は、お母さん方からうかがった実話をもとにしたマンガとちょっとしたアドバイス。時にクスっと笑って共感してもらったり、「どこの子も同じなんだな」と、ちょっと安心してもらったり、**男の子が性に興味をもった時に、慌てないた**

めの子育ての軸にしてもらえたらと感じています。

また、男の子の「包茎問題」をはじめ、おちんちんのケアや、心の発達など、男の子を育てるお母さんに知っておいて欲しいことを、できるだけわかりやすく書いたつもりです。これから必ず訪れる体の成長や、恋心、身近にいるかもしれない危険な人たちから身を守る方法など、「子どもの将来」について、男の子とお母さんがきちんと向き合い、じっくりと話すためのコミュニケーションツールとして役立ててください。

子育ての不安や悩みが少しでも軽くなりますように。

それでは、早速、「明るい性教育」を始めていきましょう！

２０１９年10月

令和という新しい時代の幕開けに願いをこめて

のじま　なみ

『男子は、みんな宇宙人！』目次

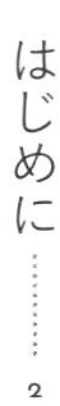

PART 1

おっぱい大好きなうちの子は、ちょっと変？ いいえ、そんなことはありません！

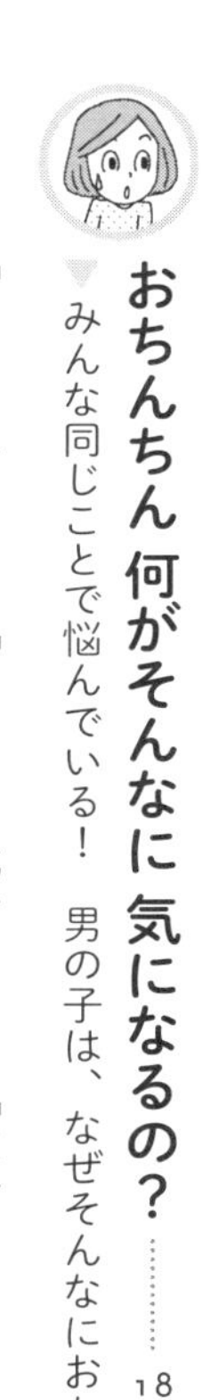

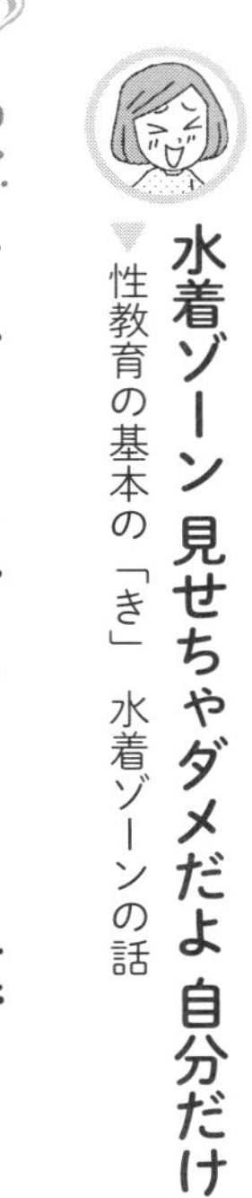

PART 2 女子と男子はこうも違う！ 宇宙人男子の生態を知ろう

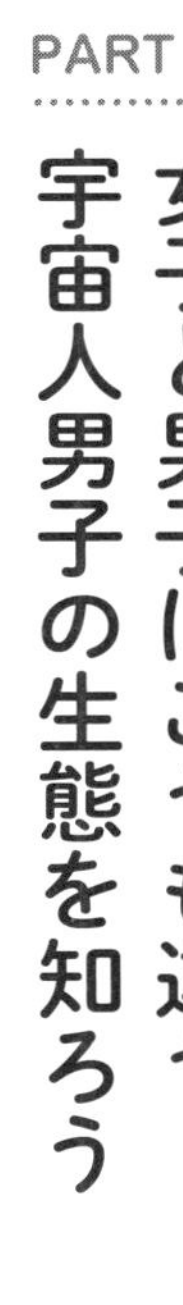

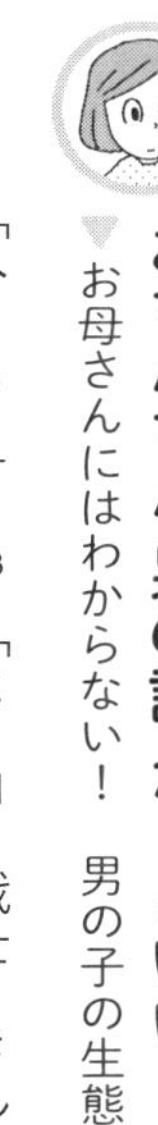

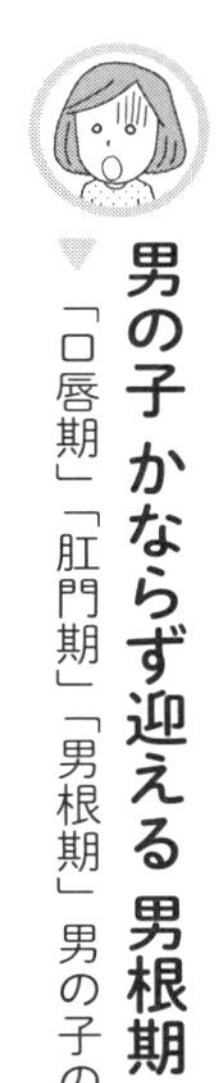

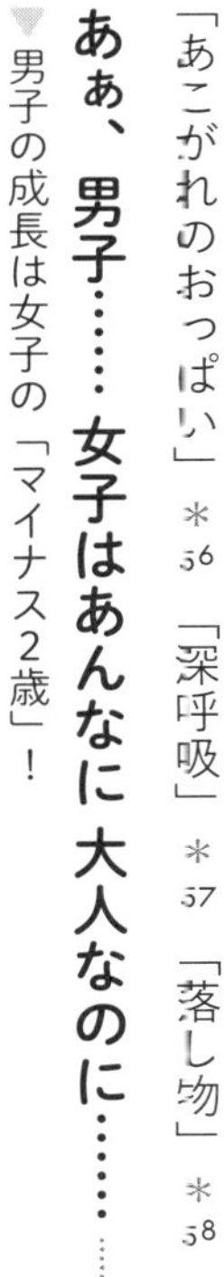

PART 3

ほんとうにまだ早い？性教育は、小学校低学年までに始めよう！

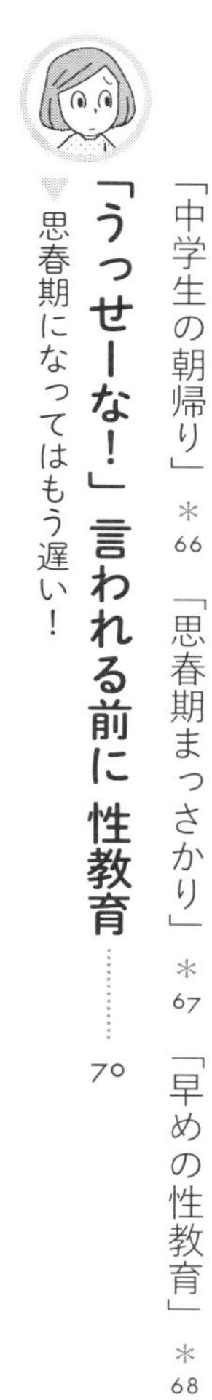

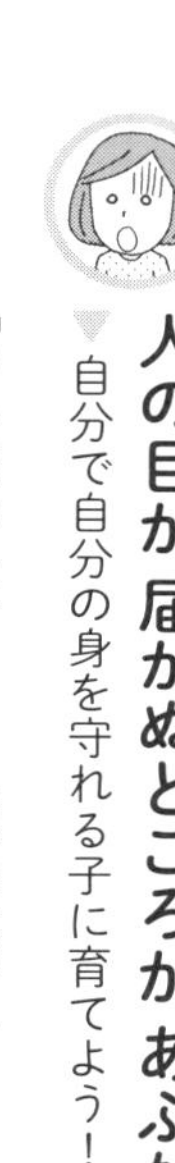

PART 4

さあ、性教育を始めよう！
〜性教育の奥義は「パンツ洗い」！〜

PART 5

性のこと、どうやって伝える？

～「伝えたい言葉」「言ってはいけない言葉」～

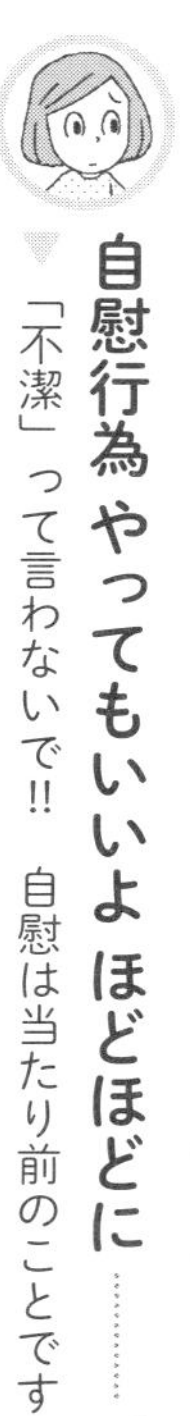

PART 6

わが家だけじゃなかった！子どもからの〝ドキドキ質問〟への答え方

PART 7

子どもがほんとうに欲しいものは？
～性教育を通して伝えてあげたいこと～

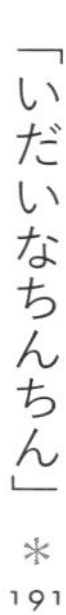
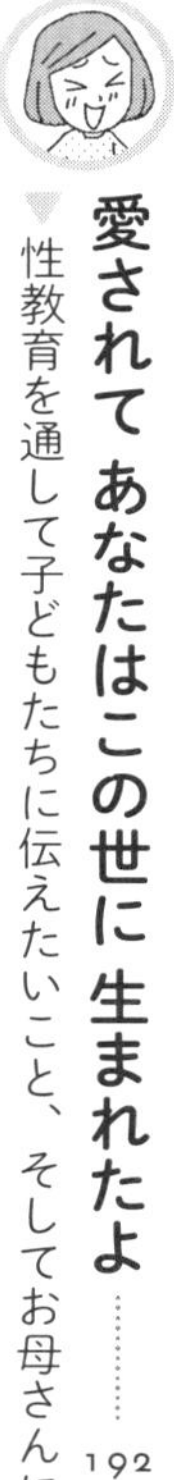

PART 1

おっぱい大好きなうちの子は、ちょっと変？いいえ、そんなことはありません！

雄太 男子 5歳

起きてー！
もう6時半！
松本あさみ
いつも元気で
明るいママ

ふあ〜
のんびり屋の
パパ
広亮（ひろと）

しっかり者の
お姉ちゃん
晴菜8歳
ピンクの
シャツ
どこ〜？

まだ夢の中の
雄太5歳は
くかー

いつでも
おちんちんを
触っている
くかー
おちんちん
触ら
ないのーー！

パパも
よーー！
ギロッ
はいっ⁉

早めの対処

松本さん
松本さん！
あ、
杉本さん
おはよう
ございます

早めに
皮膚科に
行きなさい

え？
なんですか？
昨日お宅の
雄太くんが

狂ったように
おまたを
掻きむしっ
てた！
バリバリ
チンチン
カイカイ〜！
えっ

あれはクレヨン
しんちゃんの
ギャグで…
あれは！
皮膚病
だから！
病気だから！

チンチン
カイカイー！
うちの
子にも
うつった!?
いやだから
その…
イヤー!!
バリバリ

神社に参拝

雄太、晴菜、お風呂だよー
はーい

またおちんちん触ってるな
もおー
うん!

見て見てパパ!
ぐいーーん
伸びすぎ!!

ヒモつけて遊んでたの
ちんこあやとりー
ビックリするわ!

カッコイイちんちん!!
みて!
げっ
シールだらけ!!

ひいーー!!
ペリペリペリ……
いや無理にはがすなって!!

ざぶーん！
キャー
うわっぷ

ふー
気持ち
いい〜

お小遣いを
もらえます
ように！
なむ
なむー
はあ？

ホラあれ
神社のと
おんなじ！
玉２コ
ヒモ１本

祈るが
よいー！
ははあー！
コラコラ
バチがあたるぞっ

パパも
お祈りして！
ええ⁉

お小遣いを
あげて
くださーい
何やって
るの⁉

おちんちん 何がそんなに 気になるの？

みんな同じことで悩んでいる！
男の子は、なぜそんなにおちんちんを触るのか？

「うちの子、気づけばいつもおちんちんを触っているんです。叱ったところで、いつの間にかまた手はズボンの中……。はぁ〜……人前で触ると恥ずかしいので、やめさせたいんですがどうしたらいいですか？」

実は、これは多くのお母さんがひそかに抱えている悩みなんですよ。それだけおちんちんを触る男の子が多いということです。

おちんちんをもっていない女性としては、**「なぜそんなに、ハンド・イン・ザ・パンツ!!」**するのか理解しがたいところですが……。

悩めるお母さんにひと言だけアドバイス。

これ、諦めてください!!　なぜなら、**男の子は元来、そういう生き物**だからです。

男の子がおちんちんを触る理由は、おもに次の4つ。

1 単純に安心するから

おちんちんは、とても柔らかくて、握ると気持ちの良いものなのです。
肌触りの良い毛布やぬいぐるみって、ずっと触りたくなりませんか?
そこに感覚的な「気持ち良さ」まで加われば、触りたくなるのも自然なこと。
ただ、安心してください。この「気持ち良さ」に性的な意味はまったくありません。むしろ、「安心感」といった意味合いのほうが大きいかもしれません。
その証拠に、発表会の前や授業参観など、ド緊張している時ほど、男の子はおちんちんを触っているものですよ。これもリラックスしたい気持ちの表れなのですね。

2 ポジショニングがイマイチ

パンツの中で、おちんちんの「収まり具合」が悪いと触りたくなるのは当然のこと。エネルギーがありあまっている男の子にとって、走ったり、ジャンプしたりして遊ぶのは、日常茶飯事。すると、おのずと「ズレ」が生じます（笑）。

心地良い場所におちんちんのポジショニングを戻したくなるのは、大人の男性にも見られるごく普通の行為。私たちも、ブラジャーなど下着の位置がずれると気持ちが悪くて仕方がなくなりますよね？ それと同じなのです！

3 かゆい、ムレる

そうは言っても、あまりにも頻繁に触る時は、炎症や湿疹があることも……。痛がっている時や赤みが強い時は、小児科や泌尿器科への受診をオススメします。

4 単純に、触りやすい位置にあるから

そして、最後。もしかしたら、一番大きな理由がここかもしれません。

手をブラブラ伸ばした先に、ほんとうに、ちょうどいいところにおちんちんが

出っ張っているのです!「近くにあるものを触りたがる習性」が元々ある男子という生き物にとって、無意識のうちに触ってしまうのは致し方がないこと。

というわけで、男の子がおちんちんを触るのは決して異常な行為ではありません。**自分の体ですもの。いつでも触っていいのです。**

「触っちゃダメ!」と否定するのではなく、**「おちんちんは大切な体の一部だから大事に扱おうね」**と、教えていきましょう。

ただし、人前で触り過ぎるのは、マナー違反。

触って気持ちがいいことと、誰かを不快にさせるのは別問題です。

「おちんちんのポジショニングを整える以外で、人前で触るのはマナー違反だよ。もし、触りたいと思ったら、家の中とか人が見ていないところでしようね」

こんなふうに教えてあげましょう。

「触っちゃダメ!」と叱るより、何倍も素直に受け入れてくれますよ。

えろい本

祖父母宅
あんたたちが来るとにぎやかでいいよ

ゆっくりしていき
バタバタ
うるさくてすみません

ずー
キャアハハハ

ママー！ハダカのえろい本見つけたー!!
ぶぐぶっ

なんだってえ⁉
やめてください

じいちゃんどういうこった⁉
ふるふるふるふる
そんなもん隠しとったか⁉

全く身に覚えがない!!
ほんとだろうな?

と言われると自信がない
キー
このエロじじい!!

エロじじい…
エロじじい…
ああーーー

ほら見てえろい本!!
だーん!!
えっ

雄太のばかあーー!
あっじいじ!?
ダッ

なんかおやじが泣きながら飛び出して行ったけど?
じいじかわいそう
お前のせいだ!

セクハラ職場

えーそれ セクハラ じゃん！
Wine & café
OPEN

ひどい！
もう 辞めたい
そんなの いいほうよ

ウチの職場じゃ おしりや おっぱい 触られるなんて しょっちゅうよ
それ ヤバい！
犯罪！

でも 怒れない のよねえー
えええ!?

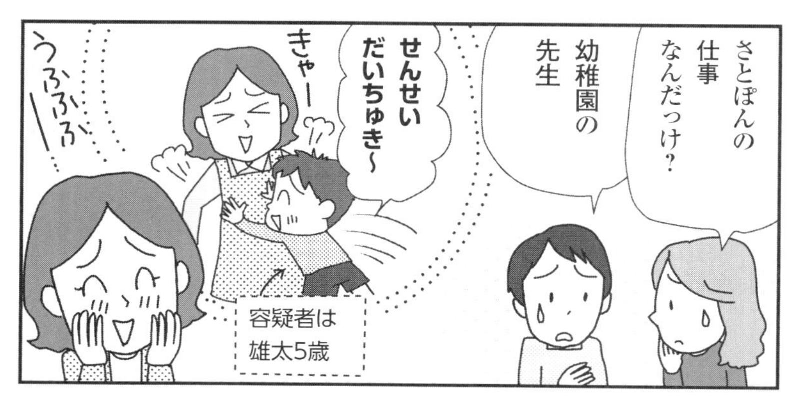
さとぽんの 仕事 なんだっけ？
幼稚園の 先生
せんせい だいちゅき～
きゃー
うふふふ
容疑者は 雄太5歳

大好きなもの
いらっしゃいませー
24
おにぎり100円
おにぎりフェア
なんでも好きなもの1つ買っていいよ
ホント!?
チョコがいいかな
アイスが…
わーい!!
どどどどっ
これー!!
だーーん!!
エロ本
※絵は自粛しています
おっぱいたくさん！
ひゃ〜〜
どうします？お母さん
どうしたらいいのー…

えろいこと 何歳だって 興味ある

性はタブーではない！
だけど社会で生きていくために教えておきたいこと

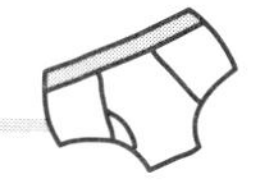

まず、基本的に、**どれだけ幼くても性に興味があるものです。それはお子さんの心や体が健全という証拠。**キレイな女性の裸の写真があれば、見たくなるのは大人も子どもも当然の感情です。

自分の子が、コンビニの成人雑誌の前に立ち止まって、じーーっと表紙を眺め続けている……そんなわが子に気づいて顔から火が吹き出しそうになる……。きっと多くのご家庭で、一度や二度はこんな経験があるのでは？

とくに**男の子は総じて、女性の胸や体が大好きです！**自分の興味があるものを、すぐに〝ポロっと〟口に出してしまうのも、悲しいかな男子の習性なのです。
さらに、**「注目されたい！」**という**「ヒーロー願望」**もそこに加わります。「うんこ」「ちんちん」「おっぱい」などの言葉を、男の子のほうが口にする機会が多いのも、実は「ヒーロー願望」の表れなのです。
ひとたび口にした途端、大人はあわてて自分のほうを見てくれる。さらには、お友だちが「キャー！」と言って喜んでくれる。
男の子にとっては、これほど心くすぐられる嬉しい瞬間はないというわけです。
だって、彼らは、その瞬間、良くも悪くも、注目を浴びるヒーローになっているのですから。
たとえお母さんが必死に「他の人から変な子だと思われるよ！　恥ずかしいからやめなさい！」と注意し

ても、その言葉は、きっと右から左に流れていくだけでは……。トホホ。

私たち女性には、ちょっとわかりづらいこの習性。もう少し詳しく説明しますね。

女の子というのは、「他人からどう見られるか」という、**「他者評価」**を気にする生き物です。

一方、男の子は、「自分がいかに楽しいか」という、**「自己評価」**を軸に生きています。

男の子にとっては、「他の人から変だと思われるよ！」など、他の人からどう思われるのかという注意の仕方は、なかなかピンとこないものなのです。

それよりも、

「聞きたくない人もいるから、外ではやめようね」

こんなふうに、誰かを思いやる注意のほうが男の子には効果的。あまりにも困る時は、こう注意してみてくださいね。

ただし、**3分たったら忘れてしまう**のも、男の子が、「あぁ、男子って……」と言われてしまうゆえんです（笑）。

くり返し、くり返し、何度も「どうして、人前では下ネタワードがNGなのか」をあきらめずに伝え続けていきましょう。

お母さんにとっては、頭の痛い悩みのひとつですが、これは**男の子を育てるお母さんが、みーーーーーんな通る道!!**

あんまりデリケートになりすぎなくても、大丈夫です。

家庭の中では、笑って下ネタワードに付き合ってあげるくらいの心の余裕をもって、接してあげてくださいね。

水着ゾーン

えっ
雄太が
みんなの前で
おしりを⁉

はい〜
ぷりぷりと
すみません‼

「水着ゾーンは見せちゃダメ」っていう教え方があるそうですよ
水着ゾーン？

はい
水着で隠れる場所は大切なところだから人に見せちゃいけないって教えるそうです

へえー
せんせー！おっぱい！
だからこれもダメなんです

私もこの本読んでみます！
おっぱいー
お母さん！これ止めないと！

水着ゾーン?

そう
水着で隠れている場所は大切だから他の人に見せたり触らせたりしません!

見せないよー!
はずかしい
そうだそうだ
お前が言うな!

じゃあ頭と目も人に見せちゃいけないいんだね?
いやそこはムリじゃない?

わかった!
これからは水着ゾーンを誰にも見せないよ

水着ゾーンは見ちゃダメだよ
キャハハハ
ぺろん
って見せるな!

水着ゾーンの遍歴

ねえママ
えでみるれきし

昔の人の水着ゾーンは小さかったんだね
昔の配送屋さん
ココだけ
あはははは確かに!

ママの水着ゾーンは?
ママのは晴菜と一緒だよ

でも…
ん?

ママの水着ゾーン(20年前)
(現在)

ママの水着ゾーンは全身だわ!!
フルプロテクト!!
わぁ…

雄太の進歩
ボクはもう
せんせいの
おっぱいを
触りません！
え！
えらいわ
雄太君！
うん！
ボク
触るー！
なっ!!
水着ゾーンは
触っちゃ
ダメー！
なあにそれー？
しらないもん
水着ゾーンは…
これだー!!
だーん!!
人に見せちゃ
いけないんだ！
へえー
見せてる
見せてる

水着ゾーン見せちゃダメだよ 自分だけ

▼性教育の基本の「き」 水着ゾーンの話

子どもって、どの子も素晴らしい問題児。
ですが、時にその素直さが、だれかを傷つけてしまうこともあるのです。
たとえば、以前、こんな相談を受けたことがありました。
ある5歳の女の子が、「幼稚園に行きたくない」と、前日の夜から登園拒否をしていたそうです。詳しく話を聞くと、
「男の子がおちんちんを出して『僕にはおちんちんあるぞ!! いいだろう♪』って自慢してくるの。それがイヤだから行きたくない」
とのこと。

「水戸黄門の紋所かっ！」

と、ツッコミを入れたくなるところですが……（笑）。

彼らにとってはただの遊びの一環。**まさか、女の子がそんなに傷ついているなんて、1ミリも想像していない**のです。

男の子同士の喧嘩は、「やるかやられるか」の勝負の世界！

どちらかが泣いてはじめてケンカの勝敗が決まるということがザラにある彼らにとっては、女の子が泣いてイヤがらないと、「イヤがっている」ということに気づかない……。

これが、残念ながら、男の子がデリカシーに欠けてしまうからくりです。

また、保育園や幼稚園の先生の胸やおしりを触って喜んでいるというのも、あるある話ですが、どちらかと言うと、男の子に多く見られる行為です。

当然、これもマナー違反ですよね。

このように、だれかを知らないうちに傷つけてしまうことを、私は**「うっかり加害者」**と呼んでいます。

言葉はかわいらしいですが……もしかしたら、相手にとっては一生の心の傷にもなりかねません。

「わが子には、そうはなって欲しくない！」

男の子のお母さんは、きっとそう思うところでしょう。

では、悪気のない男の子に、やってはいけないマナーについて、どう注意したらいいでしょうか。早速、詳しくお話していきますね。

性教育を伝えていくうえでもっとも大切なことは、**「体にはプライベートな大切な場所がある」**ことを、子どもたちに、いかにわかりやすく、イメージさせることができるかということです。

とは言っても、子どもたちにマナーをわかってもらうのは難しいことです。

では、「どうしたらいいの？」と、お困りのお母さんも多いでしょう。

はい！　ここで使っていただきたいのが、コレ。

「水着ゾーン」という言葉です。

大人にとっては難なくわかる「プライベート」という言葉は、子どもにとってはわかりづらいもの。そのため、子どもたちには、「水着ゾーン」という言葉を使って、**「ここは自分だけの大切な場所だ」**、そして同じように、**「お友だちや先生にとっても大切な場所である」**ということを教えていきましょう！

ちなみに水着ゾーンの定義は、コレ。

- **他人に見せても触らせてもいけない、自分だけの大切な場所**
- **「口」と「水着で隠れる場所」**
- **男の子も女の子も、口、胸、性器、おしり**

ここがわかると、たとえば男の子なら、

「おちんちんを出して遊ぶのはいいこと？」
「先生の水着ゾーンを触るのはいけないことだよね」
「女の子のスカートをめくってもいいかな？」

など、マナーを伝えていく時にも役立ちます。
子どもたちは、やっていいこと、悪いことのボーダーラインを知りません。
「水着ゾーン」を使って、しっかりマナーという線引きをしてあげましょう！

PART 2

女子と男子はこうも違う！
宇宙人男子の生態を知ろう

好きな言葉

何っ？怪獣が？
たいへんだ！

ママたちここはキケンですヒナンしてください！
ええっ！

こわいわ！
たすけて
だいじょうぶこわくない！

ぼくたちにまかせて！
あなたたちのお名前は？

ぼくはせいぎのたまきんマン
キラリーン
ぼくはうんこマンだ

やあっ
とおっ
あまり助けられたくない…

エブリデイちんちん
雄太
パパ
ナポレオン
うーん
ベートーベン
うーむ
ピカソ
うーん…
どんな人でも
男の頭の中は
そんなもんだよ
男って
アホなの
かしら…？

宝物!?

おーまけーの
おーまけーの
きしゃぽっぽー♪

ぽーっと…
はっ!!

スーパー
ボール
見つけた!
んん?

公園で
なくした
やつ?
あった
あった!

ここに!
ザバー
ぐあ!

とって!
ママとって
これ
いやもう…
かんべん
してよぉ~

パパー！
これとってーー！
ガラ
あっ
コラコラ！

とってー!!
ビチョ
ビチョ
わわ！
なんだよ
急に!?

あははは
ちがうよゆうくん
これはスーパー
ボールじゃなくて
「命の工場」
なんだよ

工場？
そうだよ
とても大切な
ものなんだ

へ
パパなかなか
やるじゃん

大切に育てれば
将来でっかーくなって
水陸両用の
乗り物になるんだぞ！
ズババババ
ホバークラフト
的な

わあーーーー!!
すごーー
ーーい!!
待て待て
コラー!!

おちんちん 男の証 かっこいい

お母さんにはわからない！　男の子の生態

前のページでもお伝えしましたが、**男の子は小さな頃からおちんちんが大好きです!!**

おちんちんの皮をびよ～んと、どこまでも引っ張って遊んでみたり。

たまたま袋（陰嚢）をモミモミして遊んでみたり。

兄弟でおちんちんの大きさを比べっこして、優越感にひたってみたり。

「おちんちん」と言うだけで大爆笑してみたり……。

私たち女性にとって何がそんなに楽しいのか、おちんちんって謎だらけですよ

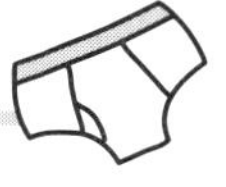

ね。だからこそ、日々、子育てをしていると、お母さんにとってどう対応していいのかわからない問題が頻繁に訪れるのです。

本当にたくさんのご質問・ご相談が私のもとにはきますが、なかでもとくに多いのが、**「大きさ」**について。

女性にはわかりづらいところですが、**男の子の世界では、「おちんちんの大きさ」が自分自身の評価となりがち**です。

トイレで比べたり、幼稚園や保育園でのお着替えの時に比べあったり、簡単にほかの人のおちんちんを見ることができるため、イチにもニにも大きさが勝負！

また子孫を残すという生まれながらの初期設定がくみこまれているんだと思います。おちんちんが「男の証」。自分の価値を表す指標のように考えがちなのです。そう、**おちんちんは、男の子のプライド**でもあるのです。

だからこそ男の子は、おちんちんについて他人に気安く相談できません。大人になっても専門家の診察を受けることさえ恥ずかしく感じる場所なのです。

誰にも言えずにひそかに悩んでいる人って、実はものすごく多いんですよ！

おちんちんの大きさの悩みは、私たちが考えるより、かなりナイーブで、デリケート。

わが子が1人で悩まないように、小さなころから男の子に教えておいて欲しいことがあります。

詳しくは次のページにまとめますね。

大事なのは「持ち物」の大小より、「持ち主」の魅力です。

おちんちんよりも、性格や資質、能力、人間性に目を向けられるような、そんな価値観を育ててあげましょうね。

おちんちんについて、男の子に伝えてあげたいこと

- 一人ひとりの顔が違うように、おちんちんも、色や形、大きさもみんな違うこと
- おちんちんの大きさは大人になって勃起した時に5センチ（小指の長さくらい）あれば十分子どもをつくれるし、おしっこをするのにも、射精をするのにも、セックスをするのにも、困らないこと
- 男の子にとって、自分の価値を決める指標となりがちなおちんちんのサイズ、実は女の子は全く気にしていないこと

ヘイAI
えー？
なんでも
教えてくれる？
そうだよ
なんでも！

じゃあ
「おちんちん」
のこと知りたい
雄太
そればっかり

「おちんちん
のこと
教えて？」
ピコン♪
何を言って
いるか
ワカリマセン

「おちんちん」
「教えて」！
ピコン♪
すみません
ワカリマセン

**しょうが
ないなー**
**これ
だよ！**
カシャ
おい パパの
スマホで
何を撮ってる

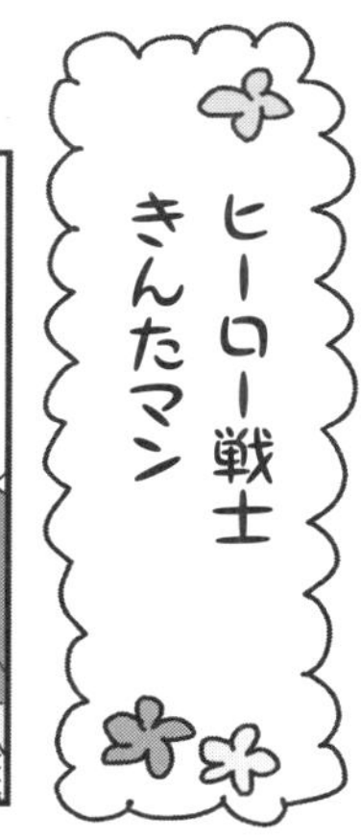
ヒーロー戦士
きんたマン

ミクちゃん
上手ねー？
ケーキ
つくったー

僕は
救急車
すごいねー

せっせ
せっせ
せっせ
おお？
雄太君
大作だねー

カッコイイ！
怪獣ね？
うますぎ!!
ちがーう!!

ヒーロー戦士
きんたマン
だよ!!
ええええー!?

はいー
ちょっと
心配に
なって…
あの
ヤロー
……
どうも
すみません…

ロシアンルーレット

出る出るー!!
ドタドタ

ずるっ

ぱかっ
ブゥーー

やーだ
ゆうた
やめてー!!
あははは
こらっ!
おバカさん!

おならで
よかった

まてまて!!
そんな危険な
賭けをするなー!!
ヒィ〜〜!!

何出した？
？
どっちっかなっ♪
どっちっかなっ♪
なぁに？

どっちっか…
ふん!!

力入れてる

はっ

ごめん…
何出した？ごめんて何⁉

男の子 かならず迎える 男根期

「口唇期」「肛門期」「男根期」男の子の発達段階を知ろう

さて、なぜ小さな男の子は、あんなにもおちんちんが好きなのか？

ゲッソリ、がっかりなお母さんに知っておいて欲しいことがコレ。実はきちんとした理由があるのです。

精神分析学の創始者として知られるフロイトはこんな研究結果を残しています。

生後〜1歳半：母乳から栄養を得ることが快感の「**口唇期**」

1歳半〜3歳：ウンチが出ることで達成感を得る「**肛門期**」
トイレトレーニングがうまくいくようになる

3歳〜6歳：幼稚園から小学校入学時期に訪れる「**男根期**」

肛門期!! 男根期!! 「なんというネーミング⁉」とつっこみたくなるところですが子どもたちはこの通りの成長を歩みます。

「うちの子は、おちんちんや、うんこと叫んでばかりいるのですが、どうしたらいいですか？」

未就学の男の子のお母さんから、かなり頻繁に相談されるのですが、これは、この年代あるある。

3歳〜6歳頃というのは、男の子が、おちんちんの存在に気づき、女の子はおちんちんが自分にはないと気づくなど、男女のちがいを理解し始める時期です。

心理学的にも「男根期」と言われるぐらい、おちんちんというワードが好きな時期なのです。どの子も通る道なので「仕方がない」と、どんと構えて、少し大目にみてあげてくださいね。

（ただ、公共の場所など、人が集まる場所でわざと叫ぶのはNGですよね。やめさせる方法は、21ページや97ページを参照してください）

私は、ふだん、**「性教育の適齢期は3歳〜10歳」**とお伝えしています。10歳以上となると、子どもたちは心も体も成長し、親から巣立つ準備を始めます。大人の階段をのぼり始める子どもたちとは、いつのまにか、一緒にお風呂に入ったり、一緒に出かけたりする時間が減っていき、思春期に入ったとたん、子どもたちは、親よりもお友だちを優先するようになってくるのです。

そうなると、性の話をするチャンスはほとんどありません。

3歳から10歳というのは下ネタワードをたくさん叫ぶ、お母さんを困らせる全盛期！　でも、**この時期の特徴を逆手にとって性教育をスタートすると、思っているより何倍もスムーズにうまくいく**ものなのですよ。

「ママ！　おちんちんが大きくなったー！」

男の子って嬉しそうに見せてくることがありませんか？（笑）

そんな時は、「お！　カッコいいね」とほめてあげましょう。「早起きでエライね♪」くらいの、明るめのテンションで答えると、そこから性教育につなげることができますよ。

ちなみに、「男の子の性教育で最強の方法は？」と言うと……そう、**「クイズ」**です！　**「赤ちゃんの種はどこに入っていると思う？」**なんて質問をして、「お腹！」「ブブー！　たまたまの袋だよ！」こんなふうにクイズで遊びながら、どんどん性の知識をアップデートさせていきましょう。ノリノリで答えてくれますよ!!

色んな話題が出てきたので、大事なポイントをまとめますね。おちんちんが大好きなこの時期をうまく活用しましょう。たとえばおちんちんを見せてきた時は、

①大きさをほめたり、けなしたりするのはＮＧ（ナイーブな問題であるため）
②人前ではおちんちんを出すことはマナー違反

これを忘れずに、折に触れて男の子の体について、マナーについて、伝えていきましょう。そして、（主に自宅で）下ネタワードが飛び出たら、楽しく「クイズ」で性教育につなげる。これをくり返すことで、子どもたちも少しずつ関心をもって聞くようになり、家庭全体で性教育がしやすい雰囲気ができてきます。

あこがれのおっぱい

ねえママ
ボクもおっぱい大きくなる?
ぶー!

雄太は大きくならないかなぁ
えー大きくしたいー

いつもおっぱいおっぱい言ってたもんなー
ママのおっぱいが大好きなんだね

ううん これくらい大きいおっぱいが欲しいんだー
大きくなくて悪かったわね
なんの雑誌だっ

深呼吸
ねえパパ なんで 男のパンツには 穴があるの？
うん？

ちんちんに 呼吸をさせる ためだよ
たまには 外に出して 空気を吸わせると いいんだって

ってパパの 兄ちゃんが 言ってた
ははは
おじちゃんが？

よくベランダで ひなたぼっこを させてたよ なつかしいなあー
へえー

よし！ 久しぶりに やるか！
うん！
ベランダで！
やめて〜っっ!! 通報されるからっ!!

落とし物
きゃ

ゆうくん
見てこれー
なあに？

こ…
これは⁉
えろい本‼
エロ本

えろい？
好きなもの
ひとつ買って
いいよ
このあいだ
コンビニで
買ってくれるって
言ったのに

あら
今日はお金が
ないから
こんなに高い本は
買えないわ
ご、ごめんねー
って言って
買ってもらえ
なかったんだ

ってことは
ってことは?

こんなに高い本を落として困っている人がいるはず!
ど
エロ本
そうだね!

これお兄ちゃんの本ですかー?
ひえっ!?

これおじいちゃんの本?
わあ!?

おじさんおじさん見てー!
あいつ……
わかってやってるな!?
ど
エロ本

あぁ、男子……
女子はあんなに 大人なのに……

男子の成長は女子の「マイナス2歳」！

男の子と女の子は、同じ年齢でも似て非なるもの。

高いところからジャンプをしてみたり、棒があったらとりあえず拾って集めたり、見えない敵と戦ってみたり、常にせわしなく動いているのが男の子です。

それに対し、女の子は、お絵かきをしたり、おままごとをしたり、お手紙をかいて遊んだり、落ち着いて作業をすることが得意。

「うちの子、女の子に比べて幼いけど、大丈夫かしら？」

と、空想モードな宇宙人男子に、ハラハラドキドキするお母さんも多いのではないでしょうか？

そんな時はぜひこんなふうに考えてみてください。

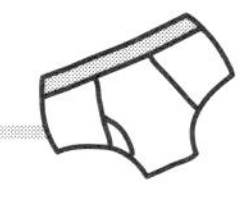

「男の子の成長は女の子のマイナス2歳」

幼稚園や保育園のお子さんの様子を見ていても、**精神年齢は圧倒的に女の子のほうが上**です。

時間通りに動く、ルールを守る、先生の話を聞く。どれをとっても上手にできるのは女の子。

なので、この時期に多少「うちの子幼いな……」と感じても、心配いりません。ほかのお母さんも同じように、宇宙人男子の生態に頭を抱えていますから（笑）。

でもね、これ、高校・大学となると立場が逆転してくるんですよ！

たとえば、男子の好奇心旺盛なところは**「リーダーシップ」**に、ものを集める収集癖は**「物事に集中する力」**に、見えない敵との戦いごっこは**「想像力」**に変わります。こうした力は自信となり、社会に出ていくための土台となるのです。

そう思うと、目の前で見えない敵と戦ったり、すぐパンツをぬいで遊びだす宇宙人男子の大変な子育ても、少〜しだけ肩の力が抜けて取り組めるようになりませんか？

ちなみに、女の子は、男の子より精神年齢が高いので、〝おませさん〟な子が多いのも特徴です。

「○○くんが好き♡」と言い始めるのも女の子。

また、まわりをよく見ているので、お友だちのお母さんが妊娠した時なども、真っ先に気づいて、「赤ちゃんってどうやってできるの?」など、ドキッとする質問をしてくることもあります。

また、女の子は、「ちがい」に敏感なので、「どうして自分にはおちんちんがついていないのか?」「なぜ、お父さんにだけヒゲがはえるのか?」「お母さんみたいにおっぱいが大きくなるのはいつなのか?」など、親にとって答えづらい質問をしてくることも多いものです。

少しドキッとするかもしれませんが、ピンチはチャンス!

子どもたちが、もし性の話をしてきてくれたら、逃げないで、答えてあげてください。もちろん、わかる範囲で構いません。

実は性教育には**「一度きりルール」**というものがあります。一度、親から性の話を怒られたり、拒否されたりしてしまうと、二度と親には聞いてこなくなるというものです。

「性」は人間の根幹。だからこそ、それを否定されると、子どもたちはほかの質問の何倍も小さな胸を痛め、傷ついてしまうのです。

これはね、裏を返すと、それだけ、子どもたちはお母さんのことが大好きだということの表れでもあります。

わからない質問なら**「よくわからないから、後でしっかり調べて答えるね」**でも構いません。子どものことを愛していることと一緒に、答えてあげましょう。

受け止めてもらえた安心感は、自分を信じる自己肯定感へとつながります。

「性教育」は、タブーではなく「愛の教育」でもあるということを忘れないでくださいね。

とにかく明るい性教育

パンツの教室

体験談 ①

愛知県　小5男子母

　神戸のお土産をもらった時、「神戸はどこの県庁所在地でしょう？」と質問すると、**「えーわからん!! 交尾ならわかるけど～」**と答える息子。
【パンツの教室】に出会う前ならきっと「ここここ、、、、、交尾!?」と、性を連想させるワードに、きっと異常なほど反応し、誤魔化したり、怒ったりしていたかもしれません。
「性教育は性科学！」命の成り立ちをしっかり知っている子のほうが命を大切にできるし、他人に優しくできるように育つと【パンツの教室】で学んでいたので、交尾から命の話にもっていくことができました。
　神戸はわからないけど、交尾ならわかる。「わが家の性教育、うまくいってるな！」と思います（笑）。
【パンツの教室】に感謝しています！

PART 3

ほんとうにまだ早い？性教育は、小学校低学年までに始めよう！

中学生の朝帰り

友だちのウチ行ってくる
え？今から？

明日の朝帰るから
中学生が外泊なんてダメよ！

うるせえなー
あんたまさか…

カブトムシとり行くの？
夜から仕掛けないととられちゃうんだよ！

思春期まっさかり
公園

ウチのお兄ちゃん
今中学二年で
思春期まっさかり
なのよ
へー
どんな感じ？

髪型をすごく
気にしたり
あー

サングラス
かけてみたり
オシャレに
興味を
もつんだね～
かわいい！

似合わないから
やめろって
言っても聞かないの
はずかしー
塾
いってくるぜ!!
キメキメッ
昭和の
刑事ドラマ系!?

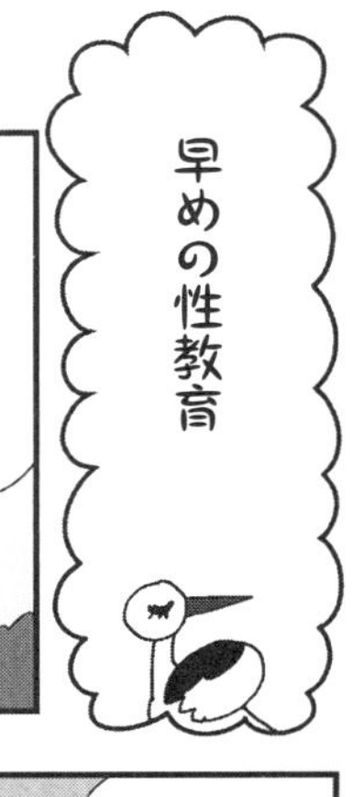

早めの性教育

え？性教育の絵本をつくった？

すごい！杉本さん！
ちょっと絵心あるのよー
うふふ

見せて見せて！
ほほほ

「あかちゃんはどこからくるの」絵本
わー!!
パチパチ
あかちゃんはどこからくるの

ある日おじいさんは道でワナにかかったコウノトリを助けてあげました
昔話？

その夜
美しい娘が
泊めて
くださいい

絶対に
のぞかないで
くださいね
と娘は
奥の部屋へ

つい、
おじいさんが
部屋をのぞいて
しまうと
そーっ

そこでは
二羽の
コウノトリが
いちゃいちゃ
していました
ふーっ
ずて

おじいさんは
カンカンに
怒ったとさ
何やって
るんだー!!
バサバサ

どう
かしら?
どうも
こうも!!

「うっせーな！」言われる前に 性教育

思春期になってはもう遅い！

毎日、疲れはすれど、それでもかわいい宇宙人男子たち。
でも、いずれは彼らも成長し、思春期を迎えます。もしかしたら、「うっせーな！」「クソババー」「ウザッ」「きもっ」なんて言葉を投げかけられる日がやってくるかもしれませんね。
男の子であれ女の子であれ、思春期の子どもたちは、友人関係、勉強、恋、身体の成長にとまどい、悩み、気持ちが不安定になりがちです。
何かにつけて不機嫌になって部屋から出てこない。かと思ったら、おしゃれに目覚めて朝の洗面台を占領してみたり。外ではめいっぱい気を使い、孤立感や焦りを感じる子どもたちは、家では素に戻れるのか、急に口を利かなくなったり、

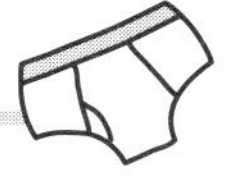

親を批判してみたり……。

思春期は子どもから大人になるための準備期間だからこそ、子どもの心の中はほんとうに大忙し！

ふと自分の青春時代を振り返った時、誰よりも近い関係だからこそ、父親を疎ましく感じたり、母親の生き方に反感をもったり。私たちも同じような時期がありましたよね。

この時期の子どもたちは、親と戦い、自分と戦いながら自分の生き方を模索している途中です。

親から離れようとしているその時期に「性」のことを切り出されると、一体どれだけ拒否感を抱くか……軽々と想像できますよね（苦笑）。

ところで、思春期っていったいいつからなのでしょうか？

日本産婦人科学会によると、**思春期は「8歳～18歳」**と定義されています。

「はやっ！」っと思いませんでしたか？　そうなんです。まだまだ子どもだから……とのんびりしていると、あっという間に大人への準備を始めてしまいます。

女子は8～9歳くらいから少しずつ胸がふくらみ、男子は10歳くらいからペニスやたまたま袋（陰嚢）のサイズ感がアップします。これぞ思春期のスタートです。もちろん、成長には個人差がありますが、だからこそ、クラスの中で成長の早い子、遅い子がいて、それぞれ「羞恥心」や「不安」を抱えやすい時期なのです。

こうした不安を解消してあげるためにも、**性教育は思春期に入る前、3歳～10歳までにスタートしていきましょう。**

マンガにもあるように、幼い子は「うんこ」「ちんちん」「おっぱい」が大好き（苦笑）。**この幼児期の特徴をうまく活用するのが、性教育の鉄則です。**

なお、思春期前にやるべきことでとくに重要なのが、**デジタル面のケア**です。

今の世の中は、私たちが子ども時代を過ごした頃とはだいぶ変わってしまいました。大きな変化としてあげられるのは、何と言ってもスマホやタブレットの登場ではないでしょうか？　今や2～3歳でも簡単にインターネットを使いこなします。お子さんがスマホに向かって、「おちんちん（または、おっぱい）見せて！」と言ったなら……何が出てくるのか、大人ならわかりますよね。

かく言う私も実は経験者。娘が2歳の時、全国の子どもが必ず見るであろう、某アニメの動画を見せていたら、そのままいつの間にか「アダルトな動画」に行き着いていた、ということがありました。

基本的に幼い子が検索したり、動画を見たりする時、そこにいやらしい気持ちはありません。でも、出てくる画像・映像は見るに耐えないものばかり……。

ずっと子どものそばについていることはできません。だからこそ、「性教育は学校で」と、いつまでも昔の感覚のままでいると、子どもたちの性の知識はかたよったものになってしまうかもしれないのです。

さよなら、昭和の性教育!!　カモン、令和の性教育!!

たとえば、子どもたちがよく口にする**下ネタワードを検索すると、どんなものが出てくるのか？**　見ておくのもオススメです。インターネットの中の世界を把握しておくだけでも、心構えはぐっと変わってくるはずですよ。

こわいおじさん

ただいまーっ！
おかえりー
はるな

ああ
怖かったー
ど、どう
したの？

帰り道にね
おじさんが
いてね
うん？

じーっと
こっちを見てるの
えっ!?
チカン!?

トレンチコート着てた？
ううんちがうよ

何かされた？何か言われた？
ううんだいじょうぶ

それで下のほうをよーく見たら
キャー！何か出してたのね？見ちゃったの!?

足がなくて
それで消えちゃった

時代劇みたいな格好だったよ
ある意味そっちのほうが怖い!!
落武者の地ばく霊？

教えてへんたい！？

パパー
へんたいっ
てなに？

たいへん？
へんたい！

へえ？
男の子でもへんたいに会うかもしれないんだぞ
ってまさとくんが言ってたんだ

晴菜知ってる
へんたいっていうのは…

顔色が悪くてよろい着て立ってる人だよ
しくしく…
？
それはよろい武者な
ママに聞いた

わかった！
手をだらーと下げてうなりながら歩く人だ！
ズルズル
それゾンビな

そうだ!!
なくごはいねがーって包丁持ってくる人！
うが～
それはなまはげだ！
無形文化遺産!!
コラ!!

ぜんぜんわかんないよー
へんたいってどんなの？
考えたことなかったなあ

変態…
動物が発育の途中で形を変えること
例：カブトムシ

3
1
2
キラキラーン!!

変態カッコイイ!!
パパの考えてたのと違う!!

人の目が届かぬところがあぶないよ

自分で自分の身を守れる子に育てよう！

「アメちゃんあげるからついておいで」

「駅はどっちか教えてくれる？」

「かっこいいヒーローベルトがたくさんあるよ」

もし、こんなふうにあなたのお子さんが知らない人から声をかけられたら、お子さんはどんな行動をとるでしょうか？

子どもたちはワクワクする誘惑には弱いものですし、だれかの役に立ちたい気持ちは人一倍つよいもの！

だからこそ、いとも簡単について行ってしまうのです。

もちろん、ついて行くのはいけないことだと、幼稚園や保育園、小学校、はたまたお母さんからも習います。ですが、ついて行った先に何があるのか……。実は、**「その先」**を、子どもたちはだれからも教わったことがないのです。知らないことに「危機意識」をもつことはできません。

なので、まず伝えていきたいのは、**防犯のための性教育。**

体には、触っても触られてもいけない、自分だけの大切な場所があるということを伝えていきましょう。

「体には、触っても触られてもいけない、自分だけの大切な場所」

これを子どもにうまく伝えるコツ、Ｐａｒｔ１でもお伝えしましたが、覚えていますか？

そうです。**「水着ゾーン」**です！

大切なことなのでくり返すと、子どもたちに何かを教えるときは**イメージさせること**がポイント。私は年間１万人近くの方に性教育をお伝えしていますが、その中で「一番子どもにわかりやすい！」と、大評判なのが「水着ゾーン」というキーワードです。

「水着ゾーン」とは、次のものでした。

「口」と「水着を着て隠れる場所」

男の子も女の子も　口、胸、性器、おしり

「水着ゾーン」というキーワードは、ほんとうにベンリ！

女の子には、「スカートをはいたらきちんと足を閉じてようね」と、注意喚起する時にも使えます。

男の子なら「**お友だちとふざけて、おちんちんをぎゅっと触りあいっこしてはいけないよ。水着ゾーンだし、命の種が入っているところだからね**」と伝えることもできます。

こんなふうに、「していいこと・悪いこと」の基準を教えられるようになりますね。

自分にも、相手にも大切な場所があると〝イメージ〟させ、理解させることが、防犯教育のスタート。

たとえば、「体を誰かに触られる」「ムリやりキスされる」これはダメなことだとわかっていれば、逃げることも、その前に防ぐことも可能です。

性犯罪は、とっても身近なところで起こるもの。幼い頃被害にあった方の中には、「あとで思うとあれは性被害かも」と大人になってから気づくケースも多いのです。

内閣府の調査によると、生涯において男性の場合は60人に1人、女性なら13人に1人が性被害にあうと言います。

「うちの子だけは大丈夫！」ではなく、大事なわが子が被害者にも、もちろん加害者にもならないように！　知識をお守りとしてプレゼントしていきましょうね。

つい盛った

小学生の頃のパパ
えっ おまえ はえてんの？

ああー？ むしろはえてねえの？
いやっ はえてるに決まってんじゃん

ゴ…ゴリラ級
すげえなオイ

オレなんかブラックホールだぜ
闇ほど暗いのかよ！

オレは
名付けて
迷いの森だ！
危険だぜ!!
すげー
深くて
出られない⁉

おもしれー！
今日みんなで
お風呂屋行こうぜ

えっ
なんで
だって
見たい
じゃん
迷いの森
オレ今日
用事ある

じゃあ
ブラック
ホール…
オレは塾

……
……
……

誰もはえて
なかった
んだよね…
男子って…

修学旅行

オレ…
ちょっと
はえてるから
恥ずかしいなぁ
えっ!!

マジで!?
見せて!
ヒャハハハハ
やめろよー!

え?
どこに?
ないけど
え?

それで
みんなで
牧田の
記念の1本を
探してる
ところです
大切に
してたのに…
先生

おめでとう！
わー！ケーキ？

なんのお祝い？
ふふふ

おめでとうかずき！
毛がはえておめでとう！
おめでとう！

次の日からかずきは中二病になった
魔獣召喚！出でよ
すべてを焼き払え!!
ハイルナ
うぉ〜
だからやめようっていったのに

毛がはえた みんなボーボー 大人の一歩

予習しよう！ 思春期の男の子の生態

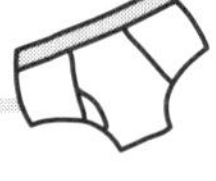

男の子の思春期の始まりは、10歳くらいから。

おちんちんにあるペニスやたまたま袋（陰嚢）のサイズ感が全体的に大きくなってくることがスタートです。その後、陰毛がはえ始め、精通が来て、声変わりをしたり、ひげがはえ始めたりするという順番です。

精通とは「おちんちんからはじめて精液が出ること」。個人差はありますが、早い子で小学校3年生、遅い子で高校生までの間に訪れます。

「明日精通を迎えます！」なんていう、はっきりとした合図はないため、男の子の成長は、正直気づきづらいものなのです。

この時期は、**男の子自身も、急速に変化する体に付いていけず、混乱と不安を**

抱えています。

そんな中で、とくに多いのがこちらの2つ。

「におい」問題! そして、**「毛」問題!**

まず「におい」問題について。

思春期になると、汗の分泌が多くなるため、汗拭きシートやデオドラントスプレーをお母さんが準備してあげることをオススメします。

「大人としてのたしなみよ!」と言いながら渡してあげるのもいいですね。

また、「毛」は、濃くても、薄くても悩みの種。

陰毛がはえ始めると、まばらにはえているのが恥ずかしい……。

はえたらはえたで、はえたことが恥ずかしい……。

男の子は、案外ガラスのハートをもっています。

そして、**男の子は、女の子より変化が苦手**です。

前もって、**「成長にともないどんな変化が訪れるのか？」**を教えておくことで、心の準備ができるように用意してあげましょう。

それからもうひとつ。

「どんなあなたもカッコいい」

この魔法のフレーズを、小さな頃から何度もくり返し伝えてあげてください。

いつか必ず訪れる思春期。この魔法のフレーズを言われた経験の分だけ、心の栄養源となります。

そして、悩み多き思春期の子どもたちを、不安から守ってくれますよ！

PART 4

さあ、性教育を始めよう！

～性教育の奥義は「パンツ洗い」！～

言いたい！言いたい！
うんこ！
ちんちん！
うんこ！
ちんちん！

やめなさい
むんず

二人は楽しいかもしれないけどまわりには聞きたくない人もいるの
迷惑でしょ？

ほんとに迷惑よ！ウチの幸樹にそんな言葉を教えて
えっ!?

幸樹くんは前から言ってましたよ！ちんちんちんちん！って!!
言ってないわちんちんなんて！
ちょっと…
ちんちん
ちんちん
ちんちん

まわりに迷惑だから…
あー！ごめんなさい!!
住宅街だし……

ごめんね
ボクもう
言わない
ように
気をつけるよ
ほんと？
うんこと
ちんちんは
もう言わない！
エライ！
ゆうくん
いい子！
えへへへー
ぎゅー
ボクも
言わないよ
エライわ！
さっきは
ごめん
なさいね
わたしこそ
恥ずかしいわ
いい子
たちね
ほんと…
あっ！
がりがり
がり

セクハラ園児

Wine
café

さとぽん、その後セクハラ園児は元気？
いつもの女子会
ああ！

せんせいのおっぱいはもう触らない！
って！
えっ！

他の子にもせんせいのおっぱいはもう触るな！
えーすごーい！

でもどうしても触りたい時はぼくに言え！
かわりにぼくが触る！

…って
セクハラの上にパワハラ！
つっこみどころいっぱいね

言わないワード

ピンポーン♪

はーい
宅配便です
お家の人は
いますか？

あのね
ママはうん…
「うんこ」
「ちんちん」は
よその人には
言っちゃダメね

ママは…
？

3日ぶりに
たまったものを
おしりから
出しているので
時間がかかります
えっあっ

また来ます！
バタン
あのヤロー!!
ゴー!!

「うんこ、ちんちん!!」イライラしないでチャンスだよ

性教育の〝きっかけ〟を見つけよう

さて、いよいよ具体的な性教育のポイントをお伝えしていきますね。

性教育をスタートさせるタイミングは、3〜10歳までの間。

まず、親の言っていることが通じるようになることが大前提。3歳から10歳の「うんこ、ちんちん、おっぱい」が大好きな下ネタ全盛期は、絶好の機会です。

彼らの大好きな下ネタワードを、性教育の〝きっかけ〟として活用していきましょう!

彼らの下ネタワードに、卑猥ないやらしい気持ちなど1ミリもありません。

男の子は、女の子より比較的ボキャブラリーが少ない、というのも発達の特徴のひとつです。使えるボキャブラリーが少ないからこそ、必ずみんなが反応して

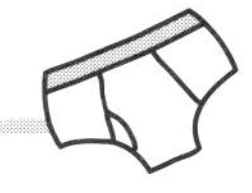

くれる下ネタワードを使って「注目を集めたい」と思いがち。

下ネタワードは、男の子にとって、ほんとうに魅力的なのです（笑）。

みんなで集まれば、「うんこ」「ちんちん」「おっぱい」などを言いながらゲラゲラ笑って走り回る。ただこれだけでも楽しめるのが宇宙人男子たちなのです。

また、3〜5歳までに80%の子どもが「命のスタート」や「性」について質問をしてくると言われています。

「赤ちゃんはどうやって生まれるの？」

こうしたストレートなものから、

「ママ、僕と結婚してくれる？」

など、かわいいものまで。その時に浮かんできた質問を、たくさんしてきてくれるでしょう。

「うんこ」と言われたら、

「うんこはどこから出てくるの？」

「こうもん」

「じゃあ、男の子のおまたに穴は何個ある？」
「2つ!!　おしっことうんこの穴!!」
「おしっこの穴は、大きくなると他にも別のものが出てくるようになるよ。何だと思う？」
「……わかんない」
「精子っていう命の種だよ」

性教育の入り口は、子どもたちが運んできてくれます。

「早ければ早いほど話しやすいのが性教育」

これは、思春期のお子さんを育てる多くの親御さんが、口をそろえておっしゃることです。

とは言え、小さいうちから性教育を始めることに、少し不安もありますよね。

多くのお母さんが心配される理由として、「下ネタワードを公衆の面前で言ってしまわないか？」ということがあります。性教育を始める前から、もうすでに

「うんこ」「ちんちん」を連発するわが子に、「ぎゃ〜！！！！　かんべんして〜」という体験をしている方にはヒヤヒヤもの。

実は公共の場でも下ネタワードを言わないようにする方法があるのです。**そんな時こそ、【水着ゾーン】出番です！**

「外では、うんこ、ちんちん、おっぱいって言葉を、見たり、聞いたりするとイヤな気分になる人もいるんだよ。水着ゾーンの話はおうちだけにしようね」

こんなふうに伝えてあげるだけで、子どもたちも「言っていい場所、悪い場所がある」ということきちんとを理解してくれます。

ただ、家の中では、少しくらい羽目を外してもいいと思いますよ。

性教育の〝きっかけ〟として、下ネタワードを楽しんでみてください！

それこそ、子どもたちのほうから「性教育スタート」のサインを出してくれているのですから♪

オリジナルソング♪

え、お歌
つくったの？
歌って！
歌って！
はずか
ちいよう
もじ
もじ

歌ってよー！
ママ
動画撮る！
じゃあ
いいよー

すうっ

オレの
ちんこはよぉ
かわいい
ちんこでよぉ

波に揉まれて
真冬のちんこ
カモメの
ちんこも
見ているよ
ハァ〜
ヨイサ
コラサ〜〜♪
どどーーーん

これはこれで
すごい才能…
だけど
なんか辛い…

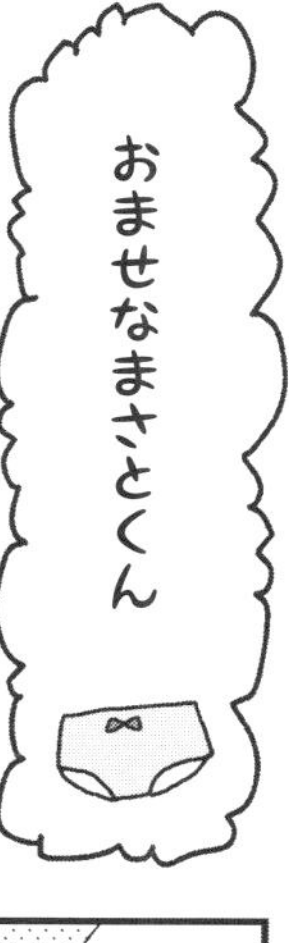
おませなまさとくん

うんこ
ちんちんより
スゴイ言葉
知ってるぞ！
えっ何⁉
まさとくん
フン！

ず…ず…
ズロース!!
うわー⁉

何それ？
女の下着のことだよ
ヒッヒッヒ

シュミーズ！
うわー？
何それ
何それー？

女の下着のことだよー！
イヒヒヒヒ
ひゃー！
まさとくん
すげー!!

まさとくんはおばあちゃん子です
ねー
きょう
おやつ
なにー

パンツを洗おう

ママー
しゅん…

パンツ汚れたー
くすん
大丈夫よお腹の調子が悪かったもんね

そのままお風呂に入っちゃおうか
そうだ自分でパンツ洗ってみる?

やる! やる!
やってみよ!

もんわ～!
脱いでから洗って!!

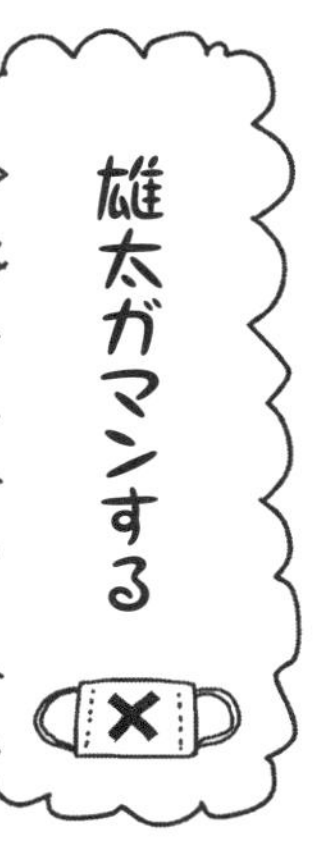
雄太ガマンする

はあー

雄太くん
元気ないねえ
せんせい

ぼくね
「うんこちんこ」を
言わないって
ママと約束
したの
えっ
そうなの?

言いたくて
たまらないけど
がまんする!
雄太くん
エライ!
ズル

でもちんちん
出すのはいいの?
それは約束
してないから!
出す!!

パンツはね 自分で洗うこれ常識

▼パンツは自分で洗わせよう!

親というものは、そもそも、性の話をする「タイミング」をつくることがなかなかできません。

そこで、ご提案したいのは、**お風呂で「パンツ洗い」を習慣にすること。**

これを性教育の入り口とすることが、オススメです。

年齢別に、「パンツ洗い」のきっかけのつくり方をご説明しますね。

《2歳~3歳》

おむつトレーニングの時期と重なるので、汚れたパンツはお風呂へGO!

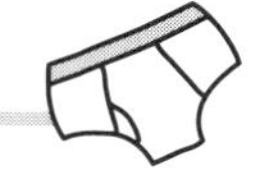

パンツが汚れたら、自分でパンツをお風呂場の桶まで持っていくことを一連の流れとして教えましょう。

《3歳以降〜》

とくに男の子は、まだまだウンチの拭き残しがあったり、おしっこをチョッピりもらしてしまったりすることも頻繁にある時期です。お風呂に入る時に、汚れたパンツを自分で洗わせてください。その時が性教育のチャンスです！

「あなたももう少しすると声が低くなったり、がっしりしたりしてくるんだよ。楽しみだね！」
「女の子には生理っていうのがあるんだよ〜」
「なんで毛ってはえるのかな？」

など、パンツ洗いをしながら話せることはたくさんあります。

親の最大の役割は、子どもたちを自立させること、社会でやっていくための能力を身につけさせること。

将来、夢精やマスターベーションでパンツを汚した時も、小さいころからパンツを洗う習慣ができていたり、精通について話したりしておければ、いずれそのタイミングきた時に役立ちます。もし、家庭の暗黙のルールとして、小さいころからパンツ洗いをしていれば、ぬれた下着が洗濯物にまじっていても、お互いに恥ずかしくありませんよね？

これも、自立に向けた、とても大きな一歩です。

「ローマは1日にしてならず」という名言がありますが、性教育も同じこと！**「性教育は1日にしてならず！」**です。

ほとんどのお母さんは、一度話すと、それで満足し、安心されるのですが、悲しいかな……**男子たちの場合、一度話したくらいでは、ほとんど覚えておりません（涙）**。

お母さん自身、うまく伝えられないこともたくさんあるでしょう。

「うまくいかなくて当たり前」「最初から完璧にはできない」と、性を伝えるハードルをどんどん下げていってくださいね。

性の話を簡単にするコツはイチにもニにも、「慣れ！」。これ以外にありません。

毎日少しずつ性の話をして慣れていくことが、子どもたちに知識を手渡していく一番の近道です。命について、身体の変化について、異性について、恋について、セックスについて、避妊について、生理について、精通について。毎日少しずつ子どもの知識を蓄えてあげてくださいね。

大丈夫！　子どもたちもしっかり受け止めてくれます。

もし万が一、「きもっ！」と言われても、めげることなかれ。子どももいきなりでびっくりしただけのこと。5回も話せば向こうから質問が飛んでくるようになりますよ。

その時に、必ず、**「あなたが大好きだよ」**という思いも忘れずに付け加えてあげてください。

雰囲気もぐっと良くなり、性教育が一気に家庭内に広まっていきますから。

ケガじゃないよ

あっ！ ママ
血が出てる

あー、大丈夫これ生理…
えーと……
痛い？ どこか切った？

パパー！ ママが大変！
あっ、ちょっと

でもパパが説明してくれるかも
あー…それはね……
大丈夫だよ ケガじゃなくて

とにかく早く来てください ウチの妻が大ケガをー!!
パニッ

何をした？
ママが大変なことにー!!
ピーポピーポ
うわー

赤ちゃんのベッド
あのね、月に一度
ママはお腹の中の
「赤ちゃんのベッド」を
交換してるの
えー？
赤ちゃん？

今お腹に
赤ちゃんは
いないけど
なーんだ
がっかり

いつ赤ちゃんがきても
大丈夫なように
きれいにして
おくんだよ
ベッドの
交換だから
この血は痛く
ないんだ

へえーーー!!
ほおおーーー!!
すごいーーー!!
なんでパパが
一番感心
してんの

でも生理の時は
海に入るな！
サメに襲われる！
ひぃーー
ーーーー!!
余計な情報で
混ぜっ返すん
だから！
チッ

ママの安心理論

じゃあ晴菜も
生理になる？
もちろん
えーイヤだー

雄太も？
雄太は
ならないよ

よっしゃ
勝った！
勝ち負け
じゃない！

生理はステキな
大人になるための
準備なのよ
まあ最初は
不安だと思うけど

ママも？
最初はね
でも
想像してみて

最初の
人類が生まれた
500万年前のこと
えっ？

住居は洞穴
着るものは
毛皮
外には獣が
ウロウロ

そんな時でも
女の子は
生理になったのよ
ウホ！
娘
ウホ
ウホ？

生理用品も
専用の下着も
痛み止めもない！
さあどうする？
不安すぎ！

でもそんな中でも
人類は命をつないで
繁栄してきた
エライねえ！

それに比べたら
今の世の中
何の不安もないわ！
体調管理
アプリ
高機能生理用品
生理痛薬
確かに！

どうにか
なる！
そのとおり
女は強い…

血が出ても ケガしていないの 生理なの

「お風呂」と「車」は性教育のチャンス！

トイレにサニタリーボックスを置かない、生理の時はパパにお風呂をお願いするなど、生理を男の子にひた隠しにしている方はいらっしゃいませんか？

実はこれ、とってもモッタイナイことです。

お母さんにとって、男の子の身体が未知の世界であるように、**男の子にとっても、女性の身体は未知の世界。**たとえ、小学校で簡単に生理についての授業を受けたとしても、表面上のことしか教わりません。

願わくば、将来、恋人や結婚相手に巡り合った時、パートナーを大事にできる子に育ててあげたいものですよね。

そのために、**お母さんの生理は、絶好のチャンスなのです！**

女の子の身体は男の子と違って、生理というものがあること。
経血（血液）が出るけれど、病気ではないこと。
将来、子どもを産むために体が毎月準備をしてくれていること。
生理の時は、すこし身体がきついことが多いから、優しくして欲しいこと。
ナプキンという月経をキャッチしてくれるものを付けていること。
生理をからかうような子にはなって欲しくないこと。

お母さんが思う生理の話をしてあげてください。
それが何より異性を大切に思う気持を育くみます。

男の子はお母さんが大好き！

大好きなお母さんが伝える話は人生の台本となっていくものです。
いいシナリオにするか、それとも残念なシナリオにするか。お母さん次第でいかようにでも描いていくことができるんですよ！

実際に、生理をきちんと知っている男の子は、小学生にもなると、

「お母さん、生理でしょ？　今日は休んでて。夕飯、僕がつくるから」
「僕、将来自分のお嫁さんにも同じことをしてあげるよ。生理があるから僕たち生まれたんだもんね」

と、まるで「イタリアの男性か？」と見間違えるくらいに、優しい言葉をかけてくれるようになります。受講生さんから「男の子に生理を伝えて、ほんとうに良かった！」と、喜びの声が絶えないのも、こんな甘い言葉をつぶやいてくれるからかもしれませんね♪

ちなみに、男の子はじっとしていられない生き物です。

お母さんが勇気を振り絞って性の話をしようとしても、「あのね……」と最初のひと言を話す頃にはもういない……なんてこともざらにあるはずです（苦笑）。

なので、**男の子に性の話をするならば、お風呂と車の中がオススメ**です。

そう、勘のいい方ならすぐに理由がおわかりのはず！　お風呂と車の中をオススメする最大の理由は、逃げられないからです（笑）。

ところで、車の中は思春期男子にもオススメ。面と向かって顔を見て伝えられると恥ずかしい話も、車の中だと顔を見なくて済みますからね。

子ども自身も、親が大切な話をしてくれようとしているのはわかります。でも、照れくさいから逃げ出したくなるだけなのです。

男の子を育てているお母さん！　ぜひ、お風呂と車の中を活用くださいね！

なお、この話をすると、**「息子といつまでお風呂に入っていいですか？」**という質問をよくいただきます。10歳になると思春期に入り始める、と先ほども書きましたが、この頃から女性を性的な目で見始める傾向があります。10歳になると、お母さんから巣立って、自分の体を探索する時期。**10歳、4年生の終わりには、お母さんとお風呂に入ることを卒業しましょう。**

1人になれる時間をつくるのも、親の役目ですよ！

とにかく明るい性教育
パンツの教室

体験談②

高知　小1男子母

あなたがどれ程のキセキの集合体なのか、あなたが存在してくれていることがどれだけ嬉しくて、感謝しかないのか――【パンツの教室】で学んだおかげで、「生まれてくれてありがとう」そう心から気持ちを込めて伝えられるようになりました。

長男の心が満足している時は、「お母さんの子どもに生まれて良かった。お母さんがお母さんで、ほんとうに良かった！」と伝えてくれます。また、SEXや防犯の話について、「いつも教えてくれてありがとう」と話してくれます。「僕のお母さんは、たくさん教えてくれる人」というのが嬉しいようで、「僕のためにたくさん勉強してくれてありがとう！」と言ってくれたこともありました。

こんな反応をしてくれるなんて、【パンツの教室】に出会う前の私は、何をあんなに恐れていたのでしょう？　幼児から小学生の子どもはとても素直。親が子どもを思う気持ちは伝わります。

きちんと性教育ができるようになってから、親子関係もとても良好です！

PART 5

性のこと、どうやって伝える？

~「伝えたい言葉」「言ってはいけない言葉」~

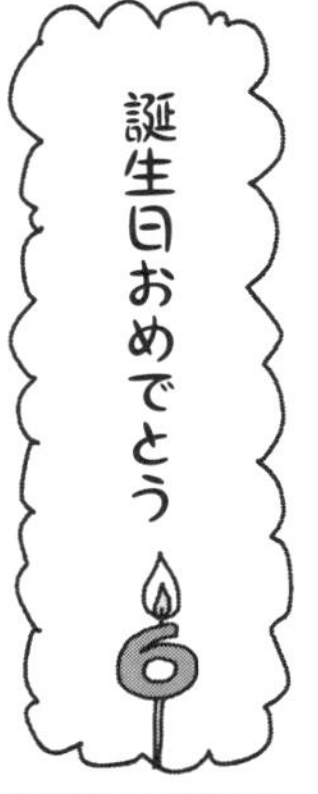
誕生日おめでとう

ゆうくんハッピー
バースデー！
おめでとうー！
えへへへ

プレゼントは？
ゆうくんが
欲しがってた
ゲームよ！
やったー!!

パパがもう
やってるけど
ゴー
どがっ
ずだ

パパだって
楽しみだった
んだもん！
「もん！」
じゃない！

いいよパパ
一緒にやろう？
いいの!?

大人になったなあー
パパも大人になろうね

ほんとに大きくなったなあ…
実は雄太がお腹にいる時に私は妊娠糖尿病と診断された…

ビックリして調べると
赤ちゃんへの影響…
先天奇形、巨大児、
発育不全、新生児低血糖、
呼吸障害
わわわどうしよう!!

それからは食事制限と散歩の日々
毎日パパと一緒に歩いたっけ
そして無事出産
大丈夫！どこまでも歩くよっ!!
晴菜

ゲームの取り合いくらい許してあげるか

イエーイ！パパの勝ちっ!!
パパキライー!!

今日はお墓まいりの日

えっじゃあ…
お墓には ゆうくんの ひいじいじや ひいばあば、 もっと昔の じいじやばあばが 眠っているの？
そうだよ

すごいね！ 命がつながってるんだ！
ママぼくたちを 産んでくれて ありがとうね！

ママこそ ありがとう 大好きよ
ひしっ!!

一方そのころ パパは…

アジイ アジ アジイ
お線香と 格闘していた
ボーッ
ご先祖
こいつが一番 のんきじゃ

写真

ママ、ボクの赤ちゃんの時の写真見せてー
えー？

ホラ かわいいー!!…
かわいいー!!

ボクすごくかわいかった？
誰よりもかわいかったよ
ううん、今でも誰よりもかわいいよ

赤ちゃんのお世話大変だった？
うーん

その時は大変だったけどもう覚えてないや
かわいかったことしか覚えてないよ
ぎゅ～～!!

…ってママがしてくれるから！
キャハハハ
ボクはしょっちゅう写真を見せてって言うんだよ

誕生日 あなたが生まれた 奇跡の日

もう一度考えたい、性教育のほんとうの目的

「あれ？　妊娠かも……!?」

そう感じた日のこと、はじめて心拍を確認した日のことを覚えていますか？

お腹の中に新しい命をやどしたことに感動した人。
その責任の重さに不安を感じた人。
感じ方は人によってさまざまだと思いますが、きっとこの本を手にしてくださった多くのお母さんたちは、はじめてわが子を胸に抱いた時、

「どうか、幸せになりますように！」

そう願ったのではないかと思います。

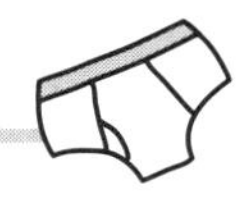

では、あなたのお子さんは、今、ほんとうに幸せでしょうか？

内閣府によると、日本を含めた世界7カ国（韓国、アメリカ、イギリス、ドイツ、フランス、スウェーデン）の満13歳から29歳の若者を対象にした意識調査では、他国では約80％の若者が「自分に満足している」と答えたのに対し、日本の若者で「自分に満足している」と答えたのはなんと45％……。**日本の若者の自己肯定感は、群を抜いて低い**のです。

今、私たちが住んでいる日本は、子どもが一人でも遊びに出かけることができるくらい安全で、全員が学校に行ける教育環境がそろっていて、食べ物は24時間手に入る、世界一幸せな国のひとつであることは、まちがいないのに……。

自分に満足し、自分を大切にできる人は、人も大切にすることができます。でも、個性が重要視される21世紀の今どきの若者たちは、どうも他人と比較し、自分を小さく見てしまうことが多くなりました。

自分の個性を慈しみ、他人の個性も尊重できる大人に育てるためには、まず、親が**「あなたのことが大好きで、とっても大切に思っている」**ということを、子どもたちに伝えていかなくてはなりません。

ここで大事なポイントがひとつあります。

それは、「思う」だけではなく、**「実感できる」ように伝えてあげる**ということ。

たとえばお子さんの誕生日は、

「お父さんがはじめて泣いた姿を見たのは、あなたが生まれた時よ」

「元気に生まれるようにって、戌の日のお参りはおばあちゃんが誰より長くお祈りしてたのよ」

こんな出産にまつわるエピソードを話す絶好の機会！

また、「愛してる」や「大好き」と、言葉にすることに恥ずかしさや抵抗感のある方は、**「生まれてきてくれてありがとう」**と、寝る前に毎日伝えてあげてください。全身に愛情のシャワーを浴びせているのと同じ効果がありますから。

とくに男の子には自信をつけてあげることが必要です。

「自分は望まれて生まれてきた!」という実感は、自信や自己肯定感を育てる大事なステップ。そして、自信・自己肯定感が、まわりの人たちを大事にしながら、自分の人生を切り拓く力へとつながっていくのです。

だれだって、だれかに必要とされたいですものね♪

ちなみに、「ギュッ!」とハグすると、幸せホルモン「オキシトシン」が親子双方に出て、幸福感をたくさん味わえると言われています。

マッサージや手遊びなど、スキンシップをたくさんとって、親子でストレスを減らすのもオススメです。

家族が一番安心できる居場所となれば、男の子は安心して自立へと巣立っていけますよ!

でっかくなってる

雄太起きなー
遅れるよ!
はっ!?
か

ママ大変!
雄太のちんちん
でっかくなってる!
ええっ!?

いや、
それ普通の
ことだから…
来て!

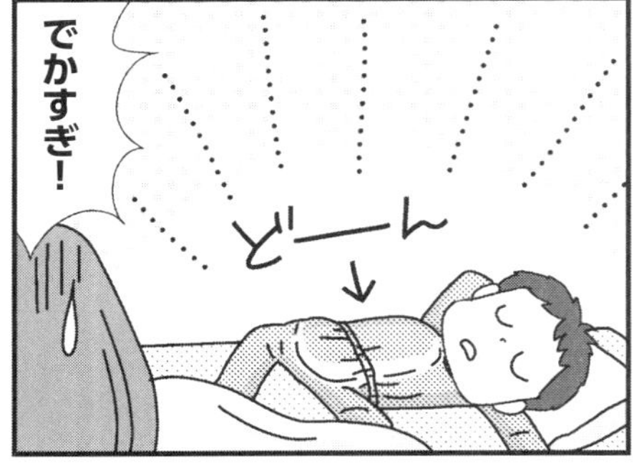
でかすぎ!
ど——ん

いやだな~
もおー
ふあー

朝着ていく服を
温めてたんだよー
ずるっ
そんなところで
温めないで!

やめない人

あっ!?
県知事選
6月20日

こいつ同級生!
岡田学
ほんと?
議員さんなの?

すごいねー
勉強ができて
生徒会長
やってて

でもいつも
股間を
触っててさ
さわさわ
「さわさわ」って呼ばれてた
え?

なんで?
さあ……
くせなのかなー?
かゆいのか?
いや触って
ないぞ!
だれがだよ!
さわさわ

岡田学
今でも変わって
ないみたい…
年季
入ってるわねー

悪いことじゃないんだよ

「耳かき」とか
「お腹こしょこしょ」とかと一緒で
子どもにとってはただ「気持ちいいこと」なんだって
こしょこしょー
キャー
やっちゃいけないとも思ってないから幼稚園でもする子がいるよ

でも…止めたほうがよくない？
人前じゃ……
うん でも言い方が大切なの

何やってるの！やめなさい!!
って言ったら
ビクッ!!

これはイケナイことなんだ怒られることなんだ
という気持ちを植え付けてしまう

幼稚園ではやめようね
あとバイキンが入ると怖いから手を洗おうね
というのがよい指導！

へー勉強になったよ
さすが先生歴10年！
けっこう年いってるな…！

自慰行為 やってもいいよ ほどほに

▼「不潔」って言わないで!! 自慰は当たり前のことです

私がこれまで指導してきた、**13000人のお母さん方からいただいた質問の中で、一番多いのが「自慰問題」!**

オナニー、一人エッチ、マスターベーション、セルフプレジャーなどなど、呼び方はさまざまですが、この話題について、子どもとどう向き合っていくかは、親にとって、なかなかハードルが高いことではないでしょうか?

幼い子が大事なところを触って、もじもじ……こんな様子を見たら親はびっくりするのが当たり前。こんな時どうするのが正解なのか、正直お母さんも悩んでしまうところです。

まずお伝えしておくこととして、**幼い子どもが自慰をしていても、まったく問題ありません。**

小さい子どもの自慰行為は思春期以降とは違って、ただ単に気持ちがいいからやっているだけで、そこに性的な意味合いはありません。

子どもの成長過程であり、クセのひとつなんですよ。

大人だって、気持ちいいことを無理やりやめさせられたらイヤですよね？

自分の身体を触ると気持ちいい、というのは、そよ風が顔に当たると気持ちがいいのと同じようなものです。決して恥ずかしいことではありません。

大人以上に、子どもたちこそ「気持ちいいこと」に敏感です。幼い子どもたちも、自分の身体を探索しているのです。

自慰は「人間の性」の中でとても重要なこと。

幼いころからオープンに話しあうことは、子どもたちが自分の身体を理解するいいチャンスにもなります。

一方、親が嫌悪感を抱いたり、叱ったり、否定したりすると、後の人生で自分自身を恥ずかしく感じたり、はたまた自己嫌悪や罪悪感を抱くおそれさえありますので、要注意。

自分の身体に、触っていけない場所はありません。なので、自慰をすること自体は問題ではないのです。

ひとつだけアドバイスするならば、**「人前ではやらないよ」**としっかり伝えておくことが大切です。幼い子どもたちは身のまわりについて意識を払うことがまだ十分にできませんので、これは親が教えてあげましょう。

もし、見かけた場合は、

「気持ちいい？　水着ゾーンは人前で触ってよかったかな？」

と明るく聞いてみるのもいいですね。

また、**「ベッドやトイレなど一人になれるところでしようね」**など、自慰をするのに適した時間や場所を伝えておくこともポイントです！

このように、子どもたちに「性」について伝えながら、「水着ゾーンを見たがったり、触りたがったりする人もいるんだよ」など、「防犯」についての話もできると、さらに効果的です。

子どもたちの性に関する意識を育てながら、誰かに触られそうになった時に、それが危険な行為かどうかを見分けることもできるようになります。まさに一石二鳥！

ですが、残念ながら相手は宇宙人男子たち。**3歩歩くと忘れてしまう生き物です（笑）**。何度もくり返し伝えていってくださいね。

また、緊張している時にリラックスしたくて自然とおちんちんに手が伸びたり、パンツの中のポジショニング問題でたびたび触ったりすることもある、というのは、19ページでもお伝えしましたね。

このあたりの男の子の事情は、大らかな目で見守ってあげてください。

反抗期ＪＫ

ママすっぴんで
外に出ないで
恥ずかしいから

なんて
言うのよ！
ひどい…

お姉ちゃん
女子高生だっけ？
完全な反抗期よ
ロクに口も
きいてくれない

腹立つから
今日は
すっぴんなの
いいじゃない
そんなの
自由だもんね

ところで…
大木さん
でしょ？
大木さん
よね？
化粧アリの
大木さん
大木だよ!!

茶髪のボランティア
へぇー!
介護施設で
学生ボランティア?

へぇー
すごい
めちゃめちゃ
いい子じゃん!

見た目ヤンキー
なんだけどね
うっせーなー
茶髪
ピアス
見た目じゃないよ
優しい子だよ

でも意外に
見た目で判断
されるらしくて
施設の人に?
えっ…ヒドイ!

お年寄りに
なんじゃ
その髪は!
見た目が
荒れると
中身も荒れ
るんじゃ
やいの
やいの
シビアーな
シルバー世代…

チャンス！

先輩の
ことが…
好き！
えっ

オレも…
ホントに!?

ちゅう…
する？
えっ!!

はい！
今がチャーンス！

性教育の
チャンス!!
えっ

さあどの
ジャンルから
いきますか？
えっ…

10代の
性衝動について
そこ聞くの!?

チャンス！ 2
CHANCE

先輩…
どきどき
カスミちゃん

はい！今がチャーンス!!

性教育のチャンス!!
また出た！

問題！
異性との触れ合いで起こる下半身の変化は何によるもの？
ええ!?

ピポーン☆！
こ…恋ごころ？
男性ホルモンだろ！

「うっせーな！」反抗期になったらもう遅い？

思春期・反抗期の男子への接し方

幼い宇宙人男子たちとの付き合いも大変ですが、思春期の子どもたちとの距離感も、なかなか難しいもの。

「ちょっとしたことで、すぐにキレるんです！　かと思いきや、すぐに落ち込んだり、甘えてきたり……何を考えているのか、さっぱりわかりません!!」

こんなお悩みを、よくうかがいます。

思春期の親……誰もが通る道かもしれませんが、結構辛いところです。

ようやく「子どもに手がかからなくなったな～」と思ったところで、子どもた

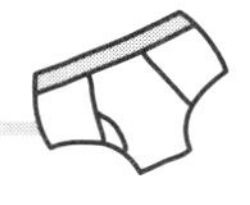

ちの感情に振り回される思春期がすぐに到来!!

「おいおいおい！　母のホッとする時間はいつ来るのーーーーっっっ!!」

そう叫びたくなることも、あるかと思います。
うん。世のお母さんは、ほんとうにすごくてエラい！

とにかく、男の子の行動は読めません（笑）。
ある日突然、髪の毛を染めたり、たばこを吸ってみたり……本能のまま行動してしまう宇宙人的な要素は、残念ながら思春期になっても残っているもの。
イライラしてしまうことも多いでしょう。
思春期をうまく乗り越えるためにも、たくさんの性の知識を思春期前にプレゼントしてあげましょう！　体の変化について、男の子と女の子の体の違いについて、性犯罪から身を守る知識、人をいたわる気持ち……などなど。
知っておくことは、ほんとうに大事です。

小学校の授業では、まだセックスや避妊、コンドームという言葉は使いません し、性犯罪について話してもらえる機会もほとんどありません。
男の子だって性犯罪にあうこともあります。
はたまた、知識がないと、望まない妊娠をさせてしまう可能性だってある……。
これらは、知識がないから起こる悲しい出来事なのです。
親として、大切な子どもが、そんな人生を送るのは耐えられませんよね？
そうならないために！　小さいころからできる性教育を続けていきましょう。
「お母さんの気持ちを、小さいころからできるだけダイレクトに伝える！」ことを心がけてください。
「赤ちゃんかわいいね」という話が出たら、**「命を大切にできる子になって欲しいな」**。
お母さんや女の子を軽んじる言葉を聞いたら、**「女の子をいたわれる男の子になって欲しいな」**。
性犯罪のニュースが流れたら、**「こんなふうに人の心と体を傷つける子にはな**

らないで欲しい」。

一つひとつは、簡単で構いません。大事なことほどシンプルに話すのが、子どもによく伝わるポイントです。

性の話も、防犯の話も、少し言いづらいことかもしれません。でも、人間として、きちんと正しい道に導いてあげられるのは親だけなのです。

みんな同じように悩んでいる。だけど、みんな子どもを幸せに育てたいと思っている仲間です。一緒に、ほんのちょっと勇気を出してみませんか？

ちなみに、思春期になった子どもへの対応として大事なことは、**「一人の大人」**として向き合うこと。10歳以降の子どもは、大人に「子ども扱い」されることを嫌がります。ていねいな言葉で、「大人の階段を今からのぼるあなたに、大切なことを伝えるね」と宣言して、話してみてください。**思春期以降は、「楽しく」より、「まじめに‼」**がポイントです。

とにかく明るい性教育
パンツの教室

体験談 ③

ある日、幼稚園から帰ってきた長男が、自慢げに「ママ、今日超いいこと習ってきた！」言うのでワクワクしながら聞いてみると、大声でひと言。
「セックスーーーーーーー！！！」
そう叫ぶではありませんか！　突然の出来事に、窓を速攻で閉めに行ったことは言うまでもありません。
なんで幼稚園児がそんな言葉を知っているのか、と、おそるおそる聞いてみると、
「ワン、トュー、スリー、フォー、ファイブ、セックス、セブン……」
と（笑）。英単語の「6」を「セックス」と言い間違えていただけでした。
「子どものドッキリ発言は、ほんとうにある日突然来るんだ」と身に染みて体験しました。
【パンツの教室】で性教育を習った今では、ひとつの小ネタエピソードとして役に立っています。

PART 6

わが家だけじゃなかった！子どもからの〝ドキドキ質問〟への答え方

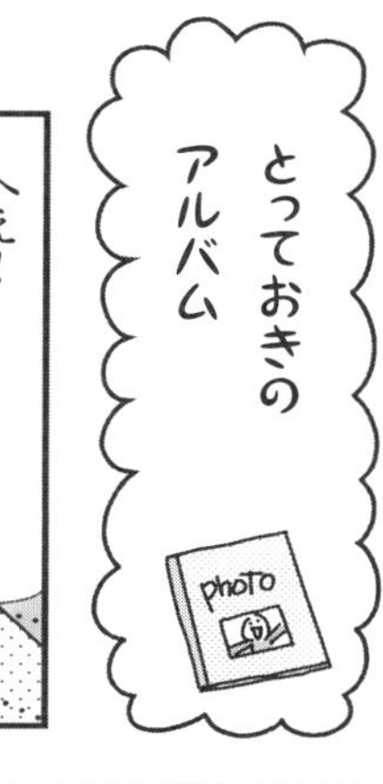
とっておきの
アルバム
photo

へぇ！
こんなアルバムが
つくれるの？
ステキ！

写真を選んで
ネットで
申し込めるよ
すごーい
見せて
見せてー！

いいじゃーん！
世界に一冊の
アルバムだよね！

ゆうくんの
ちんこ写真集を
つくるぞ！
そして売る！
ダメに
決まってるでしょ!!

おまたがかゆい！
はっ！
ちんちんの
あたりが
かゆい！

どうしたの？
でも
「ちんちん」って
言っちゃ
いけない！

ここかゆい！
すぽ
見せても
いけない！
どうする!?

だっ！
ゆうくん
どうしたの!?

ここー
かーゆーい!!
遠くて
見えなーい！

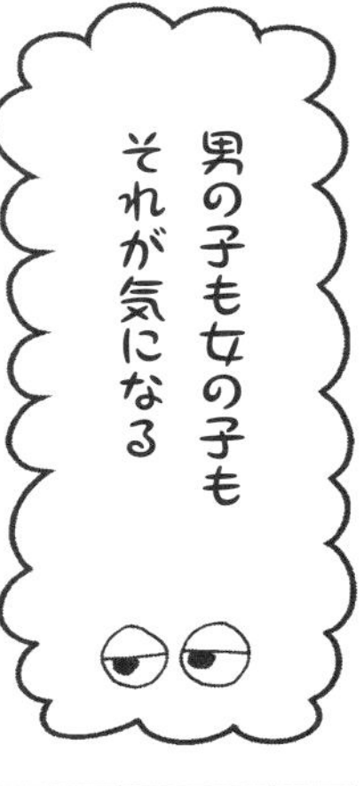
男の子も女の子も
それが気になる

じーーーーーー

そ、そんなに見ないでよ！
きしゃっ！
パパはずかしいよ
ねえパパ

どうして晴菜はついてないのにパパにはおちんちんがついてるの？

パパも知りたい！一緒に答えを探そうよ
ええ!?

何て答えればよかったかなあ…
思わずごまかしちゃった…
どうしたの？
？

ママ教えて
?
昨日来たわー
「聞かれて困る質問」
「ほうけい」って何か教えてって
キター

でも正直女だからわからないのよ
そうだよねー

何か…むくとかあるんでしょ?
コソコソ
でも無理にむかなくてもいいとかって

そのうちにむくのが止まらなくなるって聞いたことあるよ
ええっ?

それはサルが玉ねぎをむく話じゃ?
キ〜!!
終わりがない!
それだ!!
ゴメン

「ほうけい（包茎）」は自分でむいて こんにちは

誰も教えてくれない！「おちんちんケア」の話

男の子の育て方について書かれた本はたくさんありますが、つい忘れられがちなのが、**おちんちんの話**。

中でも、とくに思春期になると、男の子が人知れず悩み、不安を抱えるがこの「ほうけい（包茎）」問題だったりします。

ふだんは話題にのぼらないかもしれませんが、**「包茎」を含めた「おちんちんケア」に関心の高いお母さんは、とても多い**のですよ。

「3歳児健診で先生に『むいて洗ってください！』と言われましたが、いやいや、どうやって洗えばいいの？」

「むこうとしたけどむけません」
「痛そうで……」
「手術ってするべきですか？」
「いつまで私たち母親がむいていいものなの？」

などなど、悩みはさまざま。
お父さんに相談すると、「ほっとけばいい」というひと言のみ……。
「もうどうしたらいいの!?」と、途方暮れているお母さんが続出しています。
そこで、ここでは**最低限知っておきたい「おちんちんケア」**をまとめますね。

まず、知っておいて欲しいのが、生まれたばかりの赤ちゃんはみんな包茎だということ。この時期、大事なおちんちんは包皮で覆われています。やがて、成長とともにおちんちんは大変身をとげ、自然と皮がむけていく場合があります。
なので、思春期以前の包茎と、思春期以降の包茎は分けて考えましょう！
包茎は決して病気ではありません。ですが、小さいころから包皮がむけていた

真性包茎

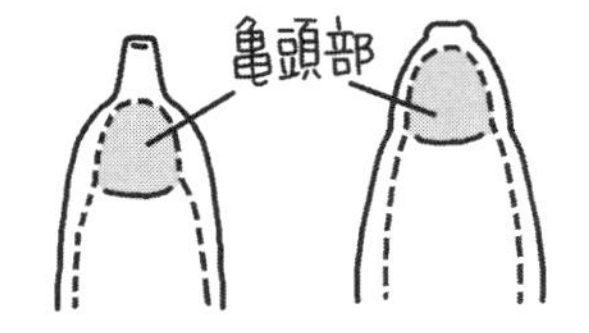

包皮をずらしても、むくことができず、亀頭部が見えてこない

仮性包茎

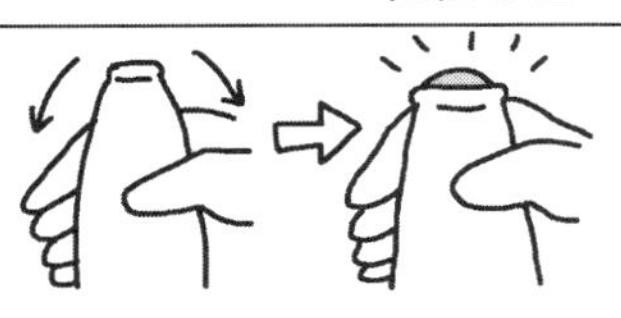

手で下げれば亀頭が少し出るものもあれば出ないものもある

ほうが清潔なことは確かです。

　また、包茎には大きく分けて**「真性包茎」**と**「仮性包茎」**の2種類がありますが、さて、お子さんはどちらのタイプでしょうか？

　包皮をどんなにずらしてみても亀頭部が全く見えないのが、「真性包茎」。

　普段は亀頭部が包皮に覆われていても、包皮を手で下げると少しでも亀頭が出る、あるいは、今は出ていなくてもお風呂などで下げているうちに出るようになるものが「仮性包茎」です。

　なお、仮性包茎は病気ではありません。なんと、**日本人の成人男性の7割は仮性包茎**です。女性で包茎について知識がある人はほぼいませんので、そこまで気にしなくても大丈夫！　コンプレックスを感じている方もいるようですが、安心してくださいね。

思春期以前の真性包茎は、お風呂で体を洗うついでに、おちんちんの皮を下げて中を洗うトレーニングを続けていれば、必ず亀頭部が見えてくる状態になります。

トレーニング法は、次のページにまとめますね。

ただし、このトレーニング、続ける際に泣き出したら「痛い」というサインです。無理強いは禁物！　あくまで、優しく大事に扱ってください。とってもデリケートな部分ですからね。

また、思春期には、中のおちんちんが成長して大きくなることで、より亀頭が包皮から出やすい状態になるのでご安心を！（環状溝まで見えればＯＫです）

ですが、**思春期以降、真性包茎を放置しておくと問題が生じることも。**

その状態のまま大人になることになりますが、包皮にいつも覆われていることで不潔になりやすかったり、亀頭の発育が悪くなったりするおそれがあるので、

おちんちんトレーニングのやり方

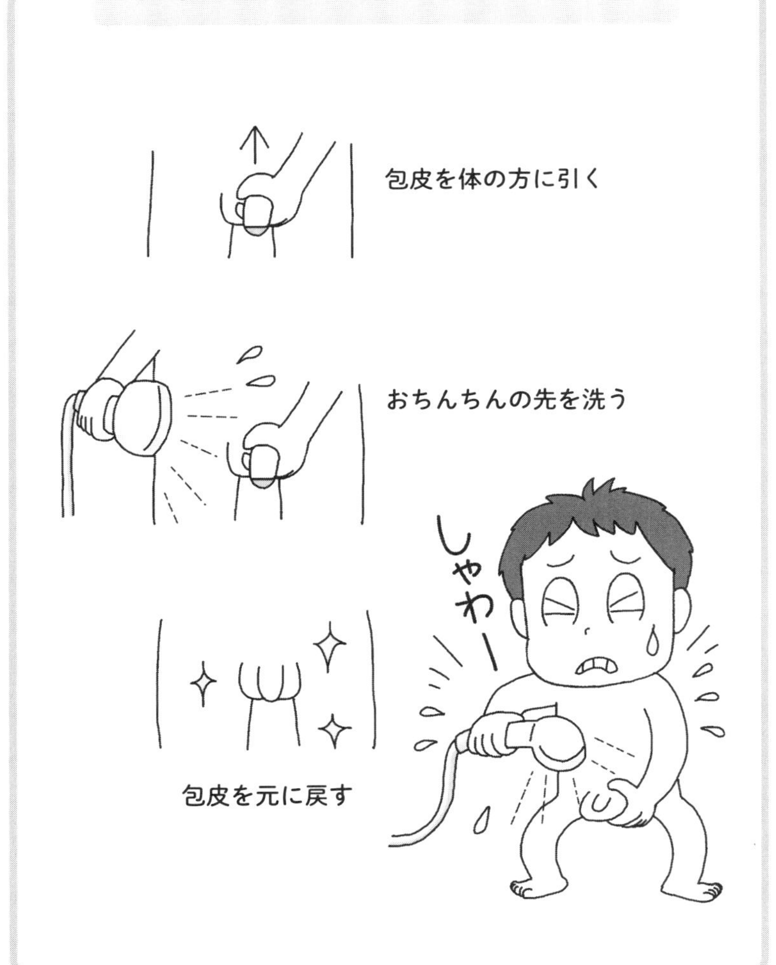

注意が必要です。

真性包茎の方で気になるという場合は、泌尿器科へ一度ご相談すると良いでしょう。クリニックなどは、値段もバラバラで高めに治療費を請求されることもありますので、ご注意ください。

このように考えると、幼いころから自分で包皮をむくトレーニングをお風呂でさせるのが一番良さそうですね。なお、思春期以降はマスターベーションをするようにもなるので、よりむけやすい状態になっていきます。

男の子にとって、おちんちんの悩みはとってもナイーブで傷つきやすい問題。だからこそ、思春期以降に悩みが出てくるようなら、泌尿器科の先生に診せるのもひとつの手です。

「大丈夫！」と誰かに言ってもらえるだけで、男の子は納得し、安心できるでしょう。

すごい動画

えー？
見たこと
ないの？

おっぱいの
動画
何それー？
おっぱい？

大きい声
出すなって！
見れるの？
？

こんなに
でっかいので

ドガーン！って
飛び出して
悪をたおす！
どかっ！
すげえ！
ロボット
アニメか…
ほっ

ビデオ屋さん

ビデオ屋さんの奥に
ドアがあって

おっぱいのビデオがおいてあるんだって！
行くか？
ほほ、ほんと!?

そ〜〜っと…

ガチャ

休憩室
あれ？
なんだキミたち？

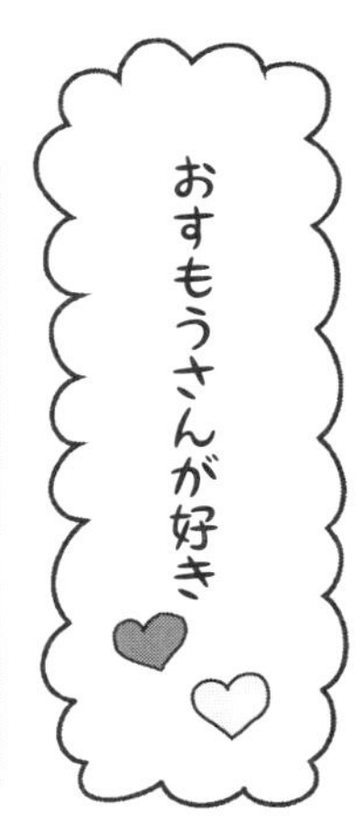
おすもうさんが好き

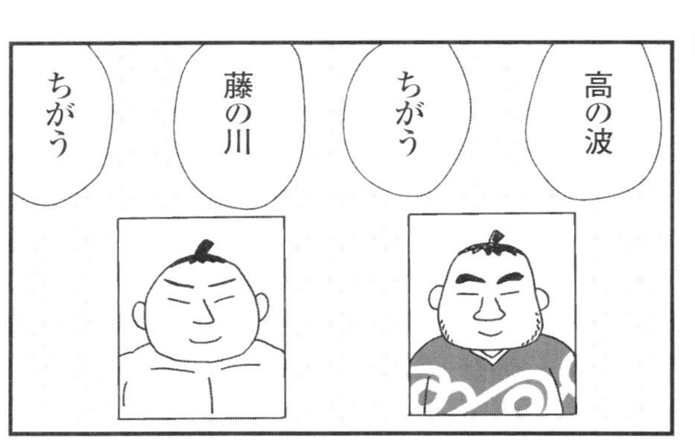
高の波
ちがう
藤の川
ちがう

花の岩
あっ！

この人この人！好きー！
へぇー豪快な上手投げが得意4人兄弟の長男だって！

そういうのじゃなくておっぱいが大きいんだよ～
何て言ったらいいのかしら…

お見通し

たかし
洗濯ここ置くよ
わあ！

何？
何あわててんの
ピーン

ははーん
エッチな動画見てたなー
そんなんじゃねえよ！

入院した飼い主を探して50キロ離れた病院にたどり着いた犬の動画だよ
ボロボロになって…
とぼとぼ
会いにきたよ…!!

ええーーっ
お母さんそんな悲しいの見れない！
わーん

単純な母で助かった

言い訳がどんどんうまくなるわね～
まったく！

「つまんない！」だったらエロ動画見ちゃおうぜ

子どもがHな動画を見ていたら、どうする？

近ごろ、外で遊ぶ子どもたちを見かけなくなったと思いませんか？
公園や川など、昔から子どもが遊んでいた場所に「ボール投げ禁止」と看板が立っているなど制限がある場所がとても多くなりました。でも、そうなると、遊ぶ場所はおのずと家の中、ということが増えますよね。
家の中で遊ぶものと言えば、ゲームやスマートフォンなどインターネットを介するものが増えてくるのは当然のことです。たとえば、YouTube や動画アプリなど、最近は子どもが楽しめるコンテンツが充実してきました。きっと、ふだんから利用しているご家庭も多いのではないでしょうか。
そうでなくても、ありあまる好奇心とエネルギーをもつ子どもたち。私たち大

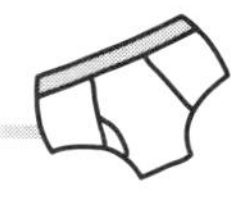

人では、思いつかないような遊び方を生み出す姿は、ほんとうに尊敬しますが、ちょっとだけ注意しなければいけないことも……。

みなさん、**「エルサゲート」**という言葉はご存じでしょうか？

エルサゲート（Elsagate）とは、次のようなものです。

「子ども向けと見せかけて、人気キャラクターの動画を装い、子どもがショックを受けるような不適切なテーマを扱った動画、またその議論のこと」

ディズニー映画「アナと雪の女王」の登場人物〝エルサ（Elsa）〟に、事件・不祥事・スキャンダルを意味する〝〇〇ゲート（gate）〟が加わってできた造語なのですが、日本では「アンパンマン」や、「しまじろう」などの人気キャラクターを登場させたものもあります。

サムネイルは、ふつうの子ども向けの動画であるにもかかわらず、

・正義のヒーローが、子どもに暴力をふるっている
・キャラ同士が性的なことをしている
・排泄動画が続く
・人気キャラが生き埋めにされる

など、残虐かつ、性的なシーンがたくさん……。大人が見ても気分が悪くなるものも多く、小さな子どもが見て大きなショックを受けた、などの被害も出ています。

まだまだ未熟な子どもたちがこうした動画を見ることが、心の成長や価値観にどんな影響があるかを考えると、胸が痛くなりますよね。

こうしたことをお伝えすると、

「そもそも、子どもに動画を見せない！」

とおっしゃる方もいます。でも、子どもがなりたい職業の上位に「youtuber（ユーチューバー）」がある今、すべてを避けて通ることは難しいですよね。

大人も見る動画サイトではなく、「Amazon プライム・ビデオ」や「HULU」などのキッズ向けのチャンネルを使うと安心して楽しめるかと思います。

でも、このように注意していたとしても、子どもがアダルトサイトを見ていることがわかったら……きっとドキッとされることでしょう。

そんな時、ついついやってしまうのが、この3つの行動!

「怒る」「叱る」「取り上げる」

子どもたちが、見たいと思うのは本能です。いくら怒られたり、叱られたり、取り上げられたりしても、**「なぜ見てはいけないのか」の理由がわからなければ、親への不信感はつのるばかり。**

「親がいない時にこっそり見る」そんな行動へと移るのではないでしょうか。

そちらのほうがずっと危険ですよね?

「何を見たのか?」「感想は?」「どうやってそこに行きついたのか?」などを知ることのほうが、よほど大切です。

だから、私のオススメはこれ。

「何見てるの？　あらHなサイトに行っちゃったのね。感想はどう？（笑）どこからそこに飛んだのー？」

あえて明るく「感想」と「どうやってたどり着いたか」を聞いてみること。そのうえで、

「暴力的なものはまだ見て欲しくないな。中学校にあがって、善悪の判断がきちんとできるようになってから見て欲しいな」

など、そんなお母さんの正直な気持ちを伝えましょう。理由がわかれば、素直に聞いてくれるものですよ。

こんな話をしておくと、小学校の高学年くらいになり、男の子がHなことに興味津々な時期を迎えても、「お友だちがタブレットでHなサイトばかり見てて、遊ぶのが楽しくない」とか、逆に「今日、こんなの（Hな動画）見ちゃった」など、学校事情や友だち関係のことまで教えてくれるようになります。

そんな時は、子どもたちと「性」を語り合うチャーーーンス!!

コンドームの話から、避妊、恋愛などなど、これから起こりうる子どもの変化について話し合ってみてくださいね。

いつの世も、チャンスはピンチの顔をしてやってくるものです。

そのチャンスを見逃さないでくださいね！

ママ教えて2

昨日も
「子どもに
聞かれて
困る質問」
きたわー
何？
あー

わかった！
「赤ちゃんは
どこからくるの？」
ってやつ!?

くるよねー
困るー
それなら
まだいいん
だけど

「人類はどこからきて
どこへ行くのか？」
って言うのよ！
わかるかー!!

恥ずかしい!!

あっ！
ナプキン

ヤバ！
男子に拾われちゃった!!
はい

恥ずかしい!!
カーッ

あ、オレ
姉ちゃんいるから
慣れてんだ
普通のことだし
気にすんな

えっ

それはそれで
キモイ!!
なになに
どした？
女子
わからんわ!!

チュウ事件

ヒロキくんがチュウをしていた？
ええっ⁉
チュウ？

ミクちゃんが**チュウしよ？**って
なんだとー⁉

ミクちゃんはこんな三角坊主頭がお好みか！
ゆうくんひどーい

ケッコンするんだね？
えっ⁉

チュウしたら結婚するんだ！
そうなの？

ほうりつで
決まってる！
決まって
ないです

先生は
チュウを
してないから
結婚しないぞ
へんなことを
言わないのー！

ひろくん、
結婚はしなくて
大丈夫だけど
お口にチュウは
しないでね
お口は
大切なところ
だからね
はあーい

わかってくれて
良かった
素直ないい子
たちだわ

さとぽん先生も
素直に
「チュウがしたいー」
って叫んで
みようかしら
あ、でも今は
チュウよりおならが
したいわ
ぶー

へんな
アフレコは
やめなさい
はあーい

だいじょうぶ 経験早いはじまんじゃない

どうやって伝える？ キスの「その先」を

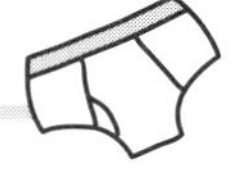

今どきの子どもたちが読むマンガや雑誌、見たことはありますか？

なんと、キスや半裸のシーンが出ていることも多々。それに、インターネットを使えば、簡単にいやらしい動画を見ることができるというのは、これまでにもお伝えしてきましたね。こうした環境が当たり前だからでしょうか。

「小学校でお付き合いは当たり前。小学校卒業までにキスくらいしてなきゃ恥ずかしいんじゃない？」

今どきの子の中には、こんなふうに思っている子も多いようです。

大丈夫か、子どもたち!?

子どもたちの「当たり前」は、確実に私たちが育ってきた時代の「当たり前」と変わってしまいました。情報源となるものがインターネットや雑誌、友だちしかない子どもたちにとって、「みんなやっている！」は「正しい」と同じことです。

キスにあこがれる気持ちもわかります。誰かと付き合うことで特別な人がそばにいる満足感や、まわりへの優越感をもてるようになるでしょう。

でも、小学生が誰かと付き合ったその先は……？

子どもたちに、「その先」の知識を得るすべはありません。学校で「セックス」のことは教えてもらえないのですから。だからこそ親の出番がきているのです！

キスについても、1～2歳がするのは微笑ましく見えるかもしれませんが、年長さんがしていたらどうでしょう？　では、小学校高学年生がキスをしていたら？

年齢が上がるたびに親のドキッと感は変わってくるはずです。

かわいいわが子が、私たちの知らないうちに知識と経験をアップデートしてしまう前に！　幼いうちから、性についての知識をインプットしておきましょう。

私がよくお伝えしていることは、**3歳以降の性教育は、体の話、命の話から始めよう**、ということ。

実は、この、3歳というのは、とても大事なタイミングです。

3歳になると、

- **言葉を巧みに使い、日常生活の会話がきちんと理解できる**
- **相手の気持ちを理解できる**
- **現在、過去、未来の判断ができる**

など、親子で意思疎通ができるようになります。

言いづらいようなら、動物の話からスタートするのもオススメです。

「ゾウは2年間、お腹の中に赤ちゃんがいるんだよ!!　あなたはどのくらいいたと思う？」

「タツノオトシゴは、お父さんが赤ちゃんを産むんだよ。人間はどっちが産むでしょう？」

など、動物の命の話から人間の話にもっていくのもいいでしょう。

いくつになっても遅すぎるということはありません。パンツをお風呂で洗わせることをきっかけに、精子の話、卵子の話、受精の話、セックスの話など順番に話してみてください。小さければ小さいほど性の話に興味津々で、とてもかわいい反応を見せてくれますよ。

ただし、小学生に入ると、反応が変わってきます。自分で「赤ちゃんはどこから生まれるの？」と聞いてきたのに、いざ親が意を決して話しても、聞いていなかったり、「うざっ！」「キモっ」と言ってみたり（笑）。これも成長のひとつです。たとえ嫌がる雰囲気があっても、「これは大事な話だ」と、伝え続けてくださいね。親の真剣さは伝わります!!

子ども――とくに男の子は、大事な話も3分経つと忘れます。

「10回は同じ話をする！」くらいの心持ちで、ねばり強く臨んでください！

危険人物とは?
わー不審者情報だって
小学生が車の中から男に声をかけられて
下半身を露出…

なんでそんなことするの?
さあ…なんでだろ

パンツをはき忘れて困っていたのかな
フルチン
パンツを買える店を知りませんか
はいてないのがおかしいでしょ

晴菜も雄太も変な人には気をつけてね
はあーい
…

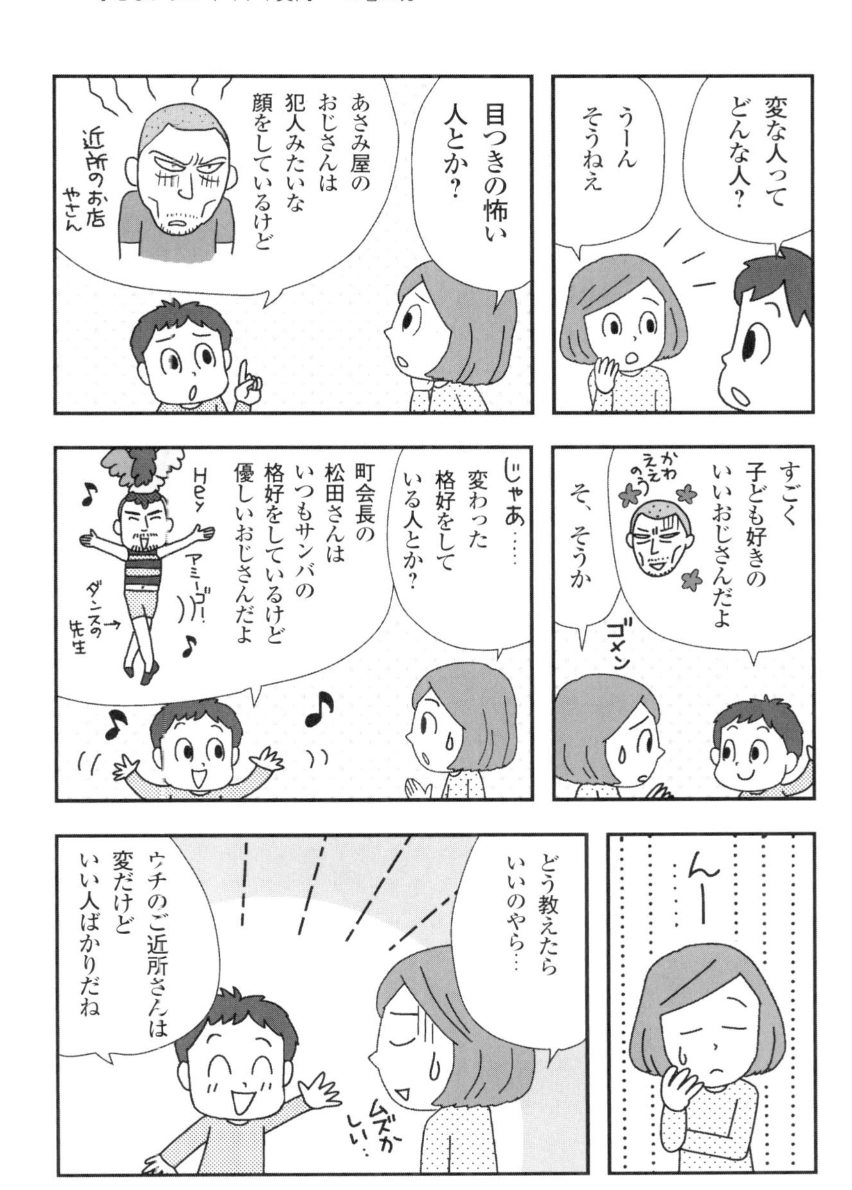
変な人って
どんな人？
うーん
そうねえ
目つきの怖い
人とか？
あさみ屋の
おじさんは
犯人みたいな
顔をしているけど
近所のお店
やさん
すごく
子ども好きの
いいおじさんだよ
かわええのう
そ、そうか
ゴメン
じゃあ……
変わった
格好をして
いる人とか？
町会長の
松田さんは
いつもサンバの
格好をしているけど
優しいおじさんだよ
Hey
アミーゴ！
ダンスの
先生
んー
……
どう教えたら
いいのやら…
ウチのご近所さんは
変だけど
いい人ばかりだね
ムズかしい…

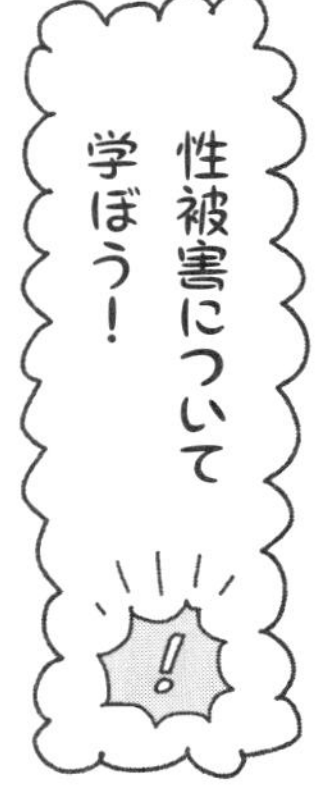
性被害について学ぼう！

性被害について キチンと学ぼう！
は？

世の中変な人がいるから
性被害にあわないために！
マジウザイんだけど！

ママがはじめてチカンにあったのは高校生の時

やたらと身体を押し付けて来るおじさんが
モゾモゾ
フンフン
何この人？
えー？

なんでやめろって言わなかったの？
チカンってどういうものか知らなかったもん

別の時には
スカートの中
撮られたり
カシャ
え～～!?

下半身
見せられたり
したこともある
キャー
ウィ～
ママは
隙がありすぎ

そもそも
満員電車は
窓際に立たない！
×

短いスカートは
荷物で隠す

人気のない
夜道を一人で
歩いたらダメ！
×

そんなのは
常識だっ！
ええ～～

これ読ん
どきなさい
女性の
危機回避
マニュアル
はい…

手招きを されても絶対 近づかない

もしも子どもが性被害にあってしまったら……

もし、万が一、子どもたちが、お友だちや身近な大人から体を触られたり、キスをされてしまったり、性被害にあってしまったら――。

想像したくないかもしれませんが、残念ながら起こり得ることです。

万が一のケースに備えて、「もし、子どもが被害にあってしまった時どうするか」ということを、ここでは少し考えたいのですが……そもそも、親である私たちは、そのことに気づけるでしょうか？

もし自分が性被害にあったら……考えるだけで怖くて、不安で、嫌な気持ちになりますよね。そんな気持ちに加えて、子どもは、こんなことを思います。

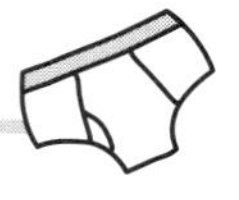

「大騒ぎになったらどうしよう……」

「大好きなお母さんが、自分のことを愛してくれなくなったらどうしよう……」

被害にあったことに加えて、「家族からどう思われるのか？」という、さらに重い課題がのしかかり、うまく話せない子がほとんど……。

子どもはSOSをうまく言葉にできません。

でも、親ならば、何かあった時、真っ先に報告して欲しいと思うものですよね。

だからこそ、**子どもが出す、小さなサインを見逃さないようにしましょう！**

たとえば、こんなケースは要注意。

- **急におねしょをするようになった**
- **異常に甘えてくるようになった**
- **夜中に急に泣き出すようになった**
- **保育園や幼稚園、学校に行きたくないと頑なに拒否するようになった**
- **セックスについて聞いてくるようになった**

自分の性器を触らせてくるようになった

ほかにも赤ちゃん返りのような行動や、いつもと違う様子で性に興味があるそぶりを見せてきたら、もしかしたら、心と体に傷を負ったサインかもしれません。

加害者は男性の場合が多いので、男の子の場合、余計に家族には言いづらいもの。こうした子どもの気持ちを、しっかり理解してあげたいですね。

もし、子どもたちが勇気をもって、「パンツの中に手を入れられた」などと言い始めたら、そっと抱きしめてあげてください。そして、

「教えてくれてありがとう。怖かったね。あなたは悪くない。どんなあなたでもママは愛してる」

こう伝えてあげてください。

性犯罪を経験した方に話を聞くと、「親に受け止めてもらえる、自分は悪くないと言ってもらえる。それだけで救われた」などと話してくださいます。

また、再被害にあわないために、子どもの話を聞いている時に、録音・録画し

ておきましょう。それが難しいようならば、メモを残します。警察に届ける時の記録になります。
「いつ、どこで、誰に」など、無理に聞き出さなくても大丈夫。
子どもがポツリポツリと話すことを記録しておくだけでかまいません。
専門的なことは専門家に任せましょう。

「話してくれてありがとう」
「あなたが悪いわけではない」

そんなふうに伝えて、お子さんの心によりそってあげてくださいね。
また、心のケアは各都道府県の相談窓口などに相談してみましょう。
子どもたちは、一生この思い出と付き合っていかなければなりません。家族だけで抱え込まず、まわりからのサポートを受ける勇気をもってくださいね。

うーん

PART 7

子どもがほんとうに欲しいものは？

～性教育を通して伝えてあげたいこと～

チャンスおじさん
CHANCE

おちんちんの大きさは
男性機能には関係がない！
そうだと思った！
これもしっかり
青少年に教えて
あげなければ！
性

親しみやすい
クイズ形式で！
性教育の
チャーンス!!
性

青少年の
僕らのために
一生懸命な
チャンス
おじさん…
ありがとう!!

お父さん
ありがとう！
父親だっ
たんかい！
カスミちゃん

生理が楽しみ

身体が
大きくなって
女の子っぽい
丸い体形に
なったら…

その時に
生理がくるよ
へえー

生理は
子宮で
起こるよ
しってる!
赤ちゃんを
つくるための
大切な場所
なんだよね

生理がくるのが
楽しみだなー
そうだ!

かわいいポーチに
ナプキンを
入れておこう!
かわいい!!
ぼくもー!

生理
はやく
こーい!
わかってる
のかなあー

パンツの教室

パンツの教室？
手づくりの
パンツを
つくるの？
違うよ
性教育の
教室なの

せ…
性教育⁉
アタフタ
アタフタ
落ち着いて

そんなの
ムリかも
…！
私も！

だって
きちんと
学ばな
かったし！
私も
そうなの

だから
きちんと学びたい
って思ったの

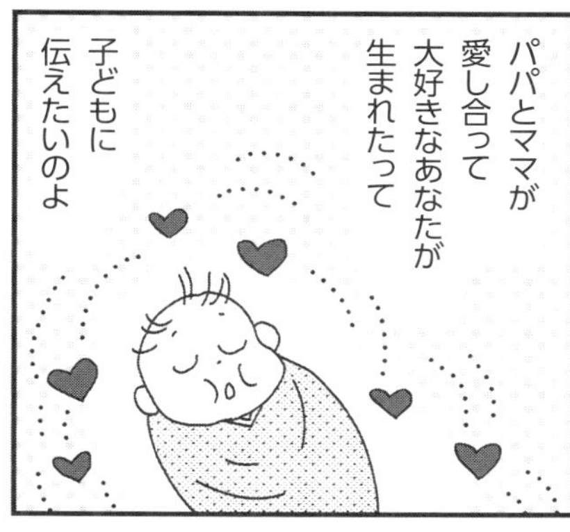
パパとママが
愛し合って
大好きなあなたが
生まれたって
子どもに
伝えたいのよ

そっか…
ステキね
ほんと

性教育
っていうから
エッチな動画とか
見るのかと
思っちゃった
は？
昨日すごいの
見つけちゃって！

見て！
わあー！
すごーー！

こういうのじゃ
ないわよね？
ママたちから
性教育が
必要かも…

いつまでも 子どもじゃないの 知っててね

宇宙人男子たちと一緒にいられる時間は、想像より短いものです

男の子が好きなものベスト3は……

「うんこ」

「ちんちん」

そして、**「お母さん」**！

「お母さんと結婚する！」

「お母さんは世界一かわいいね」

「お母さん大好き」

など、こちらが恥ずかしくなってしまうくらい嬉しいフレーズをたくさん言っ

てくれるのも、男の子ならではのことですよね。
時にお父さんを敵視しながら(?)、お母さんファンクラブの会長さんを率先してやってくれる男の子。
だからこそ、**お母さんが大好きな、男の子の「やる気」や「自信」、女の子への「いたわりの心」や「優しさ」は、お母さんの言葉がけで、がらりと変わってきます。**

ポイントは、お母さんが思う気持ちを
「○○してくれると嬉しいな」
というワードで伝えてみること。

たとえば生理の話は、
「女の子は生理だと疲れてイライラたり、お腹が痛くなるから優しくしてくれると嬉しいな」
成人雑誌や、アダルトサイトに興味をもち始めたら、

「中には暴力的なものもあるの。これはファンタジーだから、きちんとそれがわかる年齢になってから見て欲しいな。相手の気持ちに寄り添える人になってくれると嬉しいな」

男の子同士のけんかでおちんちんを蹴ったりすることがあれば、
「おちんちんは命の種が入っているところだから、大事にしてくれると嬉しいな」

こんな感じで伝えてあげれば、男の子の胸にすーーーっと届き、いたわりの心が育まれていきます。

子どもの価値観は、ほぼ親の価値観でできています。

10歳以降になると思春期を迎え、親の話に耳を貸さなくなっていきますが、それでも親から伝えてもらった価値観や知識はきちんと残っているものです。

とくに性の話は、他から聞くことはほとんどありません。「親の性の価値観」

＝「子どもの性の価値観」となってもふしぎではありません。

親の元にいるのは18年間ほど。長いようで、あっという間に過ぎていく時間です。しかも、思春期になると、子どもはどんどん外の世界へとはばたいていき、親と会話をする時間はグッと減っていきます。

子どもとの時間をたっぷり過ごせる時間は、あとどれくらいでしょうか？　その間に、私たちは、子どもたちに一体何を残すことができるでしょうか？

このように考えると、今、子どもたちと一緒にいられる時間が、とても貴重なものだと思えてきませんか？

「今、このタイミングにしかできないこともある」

3歳〜10歳の間に、命の源である性の話をしっかり伝えていきましょう。それが、子どもたちが幸せな人生を歩む道しるべとなっていきますから。

パパの取り組み
性

性教育のこと僕も一緒に勉強するよ!

ほ、ほんと?
子どもの将来が大切だからね

性教育の本も読んでみる!
恥ずかしいことなど何もないのだ!
パパかっこいーー!

電車内
ガタン
ゴトン
性教育読本
性

電車ではやめたほうがいいかも!
いがいとつらかった!
電車はやめよ!!

わが子

あっ！
すごい
すごいっ！
どうしたの⁉

でっかい
うんこ出た！
わあ！
便器

かわいいね
ゆうくんが
産んだん
だもんね
ええっ

子どもが
うんこを
好きなのは
「自分の子どもだ
と思ってる説」
があるそうだ
ゆうくん…

くさっ！
ジャバー
あっさり
流すのかーい!!

赤ちゃん大好き

パパの赤ちゃんのもとを
ママの卵に届けると…

赤ちゃんができるの⁉
まァ…そうそう!
すごい!

ええーつくってつくって!
赤ちゃん欲しい!
え…

ねえ〜今つくってよぱぱっと!
早く早く!
お湯かけたらできるみたいに言うなー!

いだいなちんちん
じゃあ ちんちんで 命の種が つくられ るの!?
すごい でしょ?

つまり ちんちんが なかったら 人類が 生まれない?
ん? まあ そうかな?

ちんちん すごい!!
ちょっと 待ってよ!

卵がないと 赤ちゃんが できないよ
だから 卵子のほうが エライ!

ちんちん!
卵子!
ちんちん!
性教育の 成果だなあ!
うんうん
そうか なあ…

愛されて あなたはこの世に 生まれたよ

性教育を通して子どもたちに伝えたいこと、そしてお母さんに知っておいて欲しいこと

性教育は、ただ「男女の違いや妊娠・出産のしくみを教えるもの」ではない、ということは、ここまで読み進めてくださったみなさまなら、きっとわかっていただけると思います。

命や体の大切さ、愛されて生まれてきたということをくり返し伝えることで、子どもの自己肯定感を高めて**「自分も他人も大切にし、愛せる人になってもらうこと」**、そして**「性犯罪の加害者にも、被害者にもしないこと」**が、性教育の最終的な目標だと考えています。

性教育は、「百利あって一害もなし」。性教育には、メリットがたくさんあるのです。本書の最後となるこの項目では、そんな性教育のメリットをまとめてご紹介しますね。

1 初体験の年齢が上がり、望まない妊娠を防ぎます！

「正しい性教育を受けた子のほうが初体験年齢が高い」という研究結果がありま す。性について知識があると、相手を思いやる気持ちが生まれます。また、「ほ んとうに今、セックスしてもいいのか」を、慎重に判断できるようになるのです。

秋田県は、２０００年の時点では、10代の人工妊娠中絶件数が全国平均を大き く上回っていました。その後、県内すべての中学校・高校で性教育を行った結果、 今では、10代の人工妊娠中絶件数は、全国平均を大きく下回っています。性教育 が広がっているからこそ生まれた結果と言えそうですね。

2 性犯罪にあうリスクを減らします！

小さな子どもを狙った犯罪が、よく報道されていますよね。

自分が何をされているのかよくわからないと、叫び声をあげたり、逃げたり、 親に報告したりすることができません。これは、性犯罪者にとって都合がいいことです。
しかし、家庭で性教育を受けている子は、悪い人が近づいてくると危険信号が素早く働くようになります。その結果、逃げたり、親に報告したりすることができるようになるのです。
また、男の子のお母さんの多くは「加害者になって欲しくない」という思いも強いのではないでしょうか。「いたわりの心」「やってはいけないボーダーライン」は、教えないと身につかないものです。
「誰かを傷つけてはいけない」「やってはいけないことがある」ということを、理解できるようになると、被害者・加害者どちらになるリスクも減らすことができるのです。

3 自己肯定感が上がります！

「何億もの精子の中からいくつもの困難を乗り越えて、1等賞の精子だけが卵子と出会って、あなたが生まれたのよ。だからあなたは生まれてきた時から1等賞なんだよ。あなたのことが大好きだよ」

性教育を通して、こんなことも伝えられるといいですね。

「自分は特別な存在なんだ!」と自分に自信がつくことで、自己肯定感がぐんぐん育ちます。

お母さんは、宇宙人男子たちの敏腕マネジャー!

男の子たちが、どのような人生を送るかは、お母さんたちの生き方次第です。

とは言え、力を入れすぎないでくださいね。うまくやろうとする必要もありません。

まずは、肩の力を抜いて♪　リラックス♪

そして、思いもよらないことばかりが起きる宇宙人男子たちとの会話を楽しむことからスタートしてみてくださいね。

みなさまの健闘を心から祈ります!

おわりに

最後まで読んでいただき、ありがとうございます。

とにかく明るい性教育【パンツの教室】協会を立ち上げて早3年。

「悩める方の役に立てればいいな」そんな気持ちで、よそでやっていない「明るさ」をプラスした性教育を伝え続けていると、お母さんたちから大反響！　今では年間70講演をこなすほど、世の中で求められるようになりました。

そんな私ですが、幼いころはかなりやんちゃな女の子で、両親をよく困らせていました。「父親のおちんちんをまーさーかーの、たわしで洗う」→「父悶絶」→「それを見て爆笑」→「保育園の先生に翌朝いち早く報告」→「母、先生からその話を聞いて赤面」……今思うと、両親に申し訳ない出来事です（笑）。

子どもたちはみんな素晴らしき問題児。性に興味があるのは当然のこと。

海外では5歳から性教育を受けることがスタンダードになりつつありますが、

日本では、包茎や性行為、マスターベーションについて無知な子も少なくはなく、自分に自信がない子が多い……。生きるって素晴らしいことで、「性」は子どもたちが生きていく上で切っても切り離せない、いわば人生そのもの。だからこそ、日本にも自分が大好きで、親が大好きで、人が大好きな子が増えて欲しい。

本書を通して「世の中の男子のお母さんは、みんな一緒に悩んで楽しんでいる」と、安心し、少しだけ気持ちが楽になったなら、とても幸せです。

最後に、この本の制作にあたって、全国で活躍する【パンツの教室】インストラクターのみなさま、編集の柏原さん、マンガ家のあべかよこさんには大変お世話になりました。たくさんのつながりに感謝し、深くお礼を申し上げます。

また、天国で見守ってくれているお父さん。あなたが堂々と私に話してくれた性教育が今、小さな種となり、葉をつけ、花を咲かせ、誰かを喜ばせ、救いつつありますよ。「え？　まだまだ、足りないよーって？」はい、わかっていますとも（笑）。たくさんの方に届けていきますので、どうか見守っていてくださいね。

亡き父に愛をこめて。

２０１９年10月　　のじま　なみ

著者

のじまなみ

性教育アドバイザー。とにかく明るい性教育【パンツの教室】協会代表理事。防衛医科大学校高等看護学院卒業後、看護師として泌尿器科に勤務。夫と3人の娘の5人家族。
「子どもたちが危険な性の情報に簡単にアクセスできる世界にいること」に危機感を抱き、2016年「とにかく明るい性教育【パンツの教室】アカデミー」設立。国内外4000名のお母さんたちに、家庭でできる楽しい性教育を伝える。2018年「とにかく明るい性教育【パンツの教室】協会」設立。2019年10月現在インストラクターは海外ふくめ200名。12000人以上の方をサポート。楽しく遊びながら性教育ができるオリジナルカードの開発も手掛ける。メルマガ読者13000人超え。
NHK「首都圏ネットワーク」、BSプレミアム「専門家だってヒトゴトじゃない」、新聞各社、The Japan Tims、ドイツ国営放送など、国内外のメディアから取材を受ける。幼稚園、保育園、小学校、中学校、行政、企業などからの要請を受け、年間70以上全国で講演。
著書に『お母さん！学校では防犯もSEXも避妊も教えてくれませんよ！』（辰巳出版）。

マンガ

あべかよこ

マンガ家。イラストレーター。
難しい内容をわかりやすく、笑いを加えて解説するマンガが得意。知らないことを調べて、マンガに描くことがライフワーク。資格試験用の解説マンガ、技術やサービスなどの取材マンガ、広告・PR用マンガなどのお仕事多数。取材マンガの本数は現在までに220本以上（2019年5月現在）。
著書に『マンガ　はじめて家を建てました！』（ダイヤモンド社）、『マンガでやさしくわかる仕事の教え方』『マンガでやさしくわかる親・家族が亡くなった後の手続き』『マンガでやさしくわかるパパの子育て』『マンガでやさしくわかる男の子の叱り方ほめ方』（以上、日本能率協会マネジメントセンター）、『マンガ　老後の資金について調べたら伝えたくなったこと！』（朝日新聞出版）ほか。

●マンガ・イラスト　あべかよこ

男子は、みんな宇宙人！

世界一わかりやすい男の子の性教育

2019年11月10日　初版第1刷発行
2019年11月30日　　　　第3刷発行

著　者――のじまなみ
©2019 Nami Nojima

発行者――張 士洛

発行所――日本能率協会マネジメントセンター
〒103-6009　東京都中央区日本橋2-7-1　東京日本橋タワー
TEL　03（6362）4339（編集）／03（6362）4558（販売）
FAX　03（3272）8128（編集）／03（3272）8127（販売）
http://www.jmam.co.jp/

カバーデザイン――――――吉村 朋子
本文デザイン・DTP――――ISSHIKI
印刷・製本――――――――三松堂株式会社

ISBN 978-4-8207-3189-4　C0037
落丁・乱丁はおとりかえします。
PRINTED IN JAPAN